책 쓰기로 인생 리셋하기

책 쓰기로 인생 리셋하기

초판 1쇄 인쇄일   2022년 4월 10일
초판 1쇄 발행일   2022년 4월 18일

지은이   김선옥
펴낸이   최길주

펴낸곳   도서출판 BG북갤러리
등록일자   2003년 11월 5일(제318-2003-000130호)
주소   서울시 영등포구 국회대로72길 6, 405호(여의도동, 아크로폴리스)
전화   02)761-7005(代)
팩스   02)761-7995
홈페이지   http://www.bookgallery.co.kr
E-mail   cgjpower@hanmail.net

ⓒ 김선옥, 2022

ISBN 978-89-6495-245-0 03190

Reset Life
책 쓰기로 인생 리셋하기

김선옥 지음

100세 시대,
NEW 생존전략

BG 북갤러리

지금, 인생 리셋 버튼을 눌러라

중·고등학생들에게 문학을 가르치는 것이 재미있을까? 아니면, 어른들에게 책 쓰기 코칭을 하는 것이 재미있을까? 어른들을 가르치는 것이 더 긴장되고 재미있을 것 같다.

필자의 개인 저서 발간 후, 놀랄만한 일들이 이어졌다. 상상한 대로 꿈이 현실이 된 것이다. 즉 작가 지망생 제자들이 점점 늘어났고, 필자의 첫 번째 저서가 베스트셀러가 되었다. 독자들로부터 책 쓰기 코칭 제안을 받았고, 작가와의 만남에도 초청되었다. 출판사로부터 스카우트 제안도 받았고, 책 쓰기 코치로부터 코치팀에 합류하자는 제안도 받았다.

이 모든 일은 필자가 책을 썼기 때문에 가능했던 일이다. 철학자 호세 오르테가 이 가세트(Jose Ortega y Gasset)가 이런 말을 남겼다.

"삶은 우리가 무엇을 하며 살아왔는가의 합계가 아니라, 우리가 무엇을 절실하게 희망해 왔는가의 합계이다."

필자가 책 쓰기를 희망했고, 베스트셀러 작가가 되기를 간절히 원했다. 그래서 책을 썼고, 첫 개인 저서가 베스트셀러가 되었다. 꿈을 이루니, 이룬 꿈이 또 다른 꿈을 꾸게 했고, 큰 꿈에도 도전하게 만들었다. 이젠 책 쓰기 코칭하는 것이 필자가 간절히 희망하는 삶이다. 책 쓰기 코칭의 꿈을 이루면, 또 어떤 일들이 도미노 현상처럼 펼쳐지게 될지 기대가 된다.

당신도 지금, 인생 리셋 버튼을 누르기 바란다. 즉 책 쓰기를 시작해 보길 바란다. 리셋 버튼을 누르는 순간, 새로운 인생이 펼쳐질 것이다. 작가로 불리게 될 것이고, '작가와의 만남'에 초청될 것이다. 그리고 열정적인 삶을 살아가게 될 것이다. 이렇게 책 쓰기가 삶의 무한한 에너지를 가져다줄 것이다.

사람들은 희망을 노래하며 살아가고 있다. 그런데 얼마나 절실하게 희망을 노래하고 있는가가 중요하다. 그 무엇을 절실하게 희망하면 이루게 되어있다. 우선 독서부터 시작하고, 책 쓰기를 이어서 하기 바란다.

우리는 인생 미션을 하나씩 수행하면서 살아가고 있다. 초 · 중 · 고를 졸업하는 것도 인생 미션이요, 대학 졸업도 인생 미션이다. 결혼도 인생 미션이요, 자식을 두는 것도 인생 미션이다. 자식을 결혼시키는 것 또한 인생 미션이다. 하지만 위에서 언급한 인생 미션은 선택 사항이다. 그런데 꼭 수행해야 할 인생 미션이 있는데, 그것은 바로 책 쓰기이다. 인사유명 호사유피(人死有 名 虎死留皮)라는 말이 있듯이, 책 쓰기는 선택이 아닌 필수 인생 미션이다.

필자의 인생 2막 문이 열렸다. 그동안 중등교직 생활 34년을 무사히 마치 고, 명예로운 퇴직을 맞이한 것이다. 이제 자기계발작가. 강연가, 책 쓰기 코 치로서 활동하게 될 것이다. 내 인생이 기대된다.

2022년 3월

김선옥

차례

3장 내가 꿈을 이루면 나는 누군가의 꿈이 된다   109

1장

내가 상상한 대로 굵은 현실이 된다

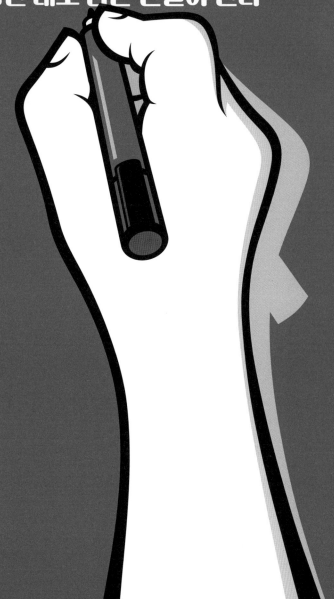

01 책 쓰는 여자는 눈부시게 아름답다

　필자도 미스였을 때가 있었다. 꿈 같은 시절이다. 누구나 한 번쯤은 결혼하지 않고 혼자 살겠다고 말하곤 한다. 필자 또한 그랬다. 결혼하지 않고 혼자 살며, 하고 싶은 것 다 하면서 자유롭게 살아보겠다고 했었다. 그런데 나도 평범한 사람이었다. 결혼하는 것이 혼자 사는 것보다 낫다고 생각이 바뀌었다. 결혼하는 것이 효도라고 생각하며, 결혼하기로 마음이 굳어졌다.

　결혼식 날 아침, 미용사인 막내 고모가 신부 화장을 해주셨다. 나는 편안히 누워서 고모에게 얼굴을 맡겼다. 기초화장을 하고, 그 위에 색조 화장을 했다. 눈썹도 붙여주셨다. 난생처음 내 손이 아닌 전문가의 손을 빌려 화장한 것이다. 화장을 짙게 하실까 봐 염려하며, 중간중간 손거울로 점검했다. 내가 화장 코칭을 한 것이다. 내 기준보다 진하면 지워달라고 부탁했다. 파스텔로 그림 그리듯이 고모는 한 폭의 그림을 내 얼굴에 그리셨다.

신부 화장을 마치고 일어나, 미용실 안에 있는 큰 거울 앞에 섰다. 내 얼굴을 보자마자 난 깜짝 놀랐다. 내가 아닌 아름다운 여인이 나를 바라보고 있는 것이 아닌가! 얼마나 예쁘던지, 난생처음으로 내가 나에게 반했다. 눈썹을 붙이니, 양쪽 눈에 쌍꺼풀이 생겨 세상에서 가장 아름다운 눈이 되었다. 코는 명암을 잘 살려 화장을 해놓으니, 오똑한 코로 변신했다. 눈과 코뿐이겠는가! 내가 나를 보고 반할 정도였으니까. 결혼하기로 한 것을 잘했다고 생각했다. 결혼하지 않으면 신부 화장을 하지 않았을 것이고, 신부 화장을 하지 않았으면, 내가 이렇게 예쁜 줄 몰랐을 테니까.

언니는 차화연 배우같이 예쁘다고 했다. 그 당시 나는 차화연 배우가 누군지도 몰랐지만, 내가 예쁘다는 것만은 분명했다. 역시 전문가의 손은 달랐다. 예식장으로 들어가니, 축하객들이 꽉 차 있었다. 여기저기에서 감탄이 쏟아졌다.

"와! 예쁘다."
"신부, 엄청 예쁘다."
"선생님! 예뻐요."
"선생님! 아름다우세요."

결혼식장에서 내가 가장 예쁘다는 것을 직감했다. 신부인 내가 가장 아름다웠다.

그런데 신부 화장을 아무리 예쁘게 해도, 며칠 동안 지우지 않고 다닐 수는 없었다. 신부 화장은 말 그대로 화장일 뿐이다. 결혼식 날 하루, 외모를 아름답게 가꾸었을 뿐이다.

그 이후에는 아름다운 그 얼굴을 다시는 볼 수 없었다.

그런데 기적 같은 일이 필자에게 일어났다. 아름다운 얼굴을 다시 만나게 된 것이다. 바로 내가 책 쓰는 여자가 되어서이다. 외모가 아닌 내면에 아름다움이 가득 찬 여자다. 살아오면서 가슴에 아름다움을 날마다 채운 사람이다. 그 아름다움이 가슴에 차고 넘쳐서 밖으로 푸는 여자이다. 실타래 풀 듯, 펜으로 풀어내는 여자이다. 진정 아름다운 여자는 외모가 아닌 내면이 아름다운 여자이다.

요즘 필자는 진정 아름다운 여자가 되었다. 신부보다 더 눈부시게 아름다운 여자가 된 것이다. 바로 책 쓰기를 통해서이다. 한 권을 쓰니, 두 권으로 이어졌고, 두 권은 세 권으로 이어졌다. 책 쓰는 여자는 눈부시게 아름답다는 것을 세 번째 책 쓰기를 통해 깨닫게 되었다.

얼마 전, 한 제자가 내 책을 읽었다. 나는 '어떤 생각을 하며 내 책을 읽었을까?' 하고 매우 궁금했다. 마침, 책을 다 읽었다는 문자를 받았다. 그래서 답장으로 에머슨이 남긴 명언을 먼저 보냈다.

"책을 읽는다는 것은 미래를 준비한다는 것이다."

그리고 이렇게 말을 이었다.

"끝까지 다 읽어서 고마워. 그런데 읽은 소감을 한 줄로 보내줘."

한 줄 평을 듣고 싶었다. 그런데 기대하지 않은 감동적인 독후감을 보내왔다.

"네! 선생님! 두 번째 책, 출간 소식을 페이스북에서 봤습니다. 축하드려요. 조금 전, 선생님의 첫 개인 저서 《당신의 삶도 이미 베스트셀러이다》를 다 읽었습니다. 원래 책을 쓴다는 것이 아무나 하는 일이 아니라고 생각했었습니다. 그런데 선생님 책을 읽고, 누구나 결단력만 있으면 책을 쓸 수 있다는 것을 배웠습니다. 제가 읽었던 책 중에서, 가장 가슴에 와닿게 용기를 주는 책이었어요. 감사드립니다."

저자인 내가 이 메시지를 받고, 어느 부분에서 가장 감동하였을까? 그리고 책 쓴 보람을 느꼈을까? 바로 이 부분이다.

"제가 읽었던 책 중에서, 가장 가슴에 와닿게 용기를 주는 책이었어요. 감사드립니다."

필자는 날아갈 듯이 기뻤다. 내가 책을 쓰기 시작했을 때, 누군가 내 책을 읽고 이 제자처럼 용기 얻기를 바랐다. '누군가 나의 경험, 나의 깨달음을 통해서 가슴앓이를 멈추고 삶의 활력소를 찾는다면, 이보다 더 기쁜 일은 없을 것이다.'라고 생각하면서 책을 썼다. '누군가 나로 인해 책을 쓰고 제2의 인생을 살아간다면, 이보다 더 가슴 뛰는 일이 어디 있겠는가!'라고 생각하면서 나의 첫 개인 저서를 썼다.

내가 글 쓰는 여자가 되어, 지금 아름다운 이야기를 남기고 있다. 아름다운 이야기를 남기는 사람은 아름다운 사람이다. 그리고 아름다운 사람은 빛나는 사람이다. 나의 펜이 가는 곳마다 눈부시게 아름다운 이야기로 채우고 싶다. 그리하여 독자가 나의 책을 통해 삶의 활력소를 찾아 제2의 인생을 살아간 다면, 이 얼마나 가슴 벅찬 일이 될까! 그리고 책을 써보겠다고 펜을 든다면, 이보다 더 보람 있는 일이 어디 있을까!

지금은 5월이다. 푸르른 산을 보니, 내 마음도 푸르름으로 가득하다. 이 푸른 마음으로, 세 번째 책을 쓰고 있다. 책 속에 푸른 에너지를 가득 담고 싶다. 독자들에게 나의 에너지가 전달되어, 운명의 거대한 수레바퀴를 힘차게 돌리며 살아가기를 간절히 바란다.

"기쁨은 자연을 움직이게 하는 강한 용수철, 기쁨이야말로 대우주의 시계 장치의 수레바퀴를 돌리는 것이다."

F. 쉴러(Friedrich von Schiller)의 말이다. 독자의 독후감으로 인해 내가 날아갈 듯이 기쁘다. 이 기쁨으로 산도 옮길 만한 힘이 생겼다.

02 우리의 과거는 서막에 불과할 뿐이다

책은 책 이상이다. 차라리 그것은 삶 그 자체이다.

— 에이미 로웰(Amy Lowell)

뜻을 세우고 자신의 인생을 개척하려는 자에게는 책 쓰기보다 더 나은 것이 없다. 특별히 새로운 인생을 시작하길 원하는 사람이라면, 반드시 책 쓰기를 했으면 좋겠다. 책 쓰기는 생각하는 것 이상으로 막강한 힘을 지니고 있기 때문이다. 막강한 힘이 무엇인지 책 쓰기를 통해 깨닫기를 바란다. 스스로 놀라게 될 것이다.

필자는 은퇴할 무렵, 책을 쓰기 시작하면서 변신했다. 새로운 인생을 시작한 것이다. 멋지고 희망찬 인생이 내 앞에 기다리고 있다는 것을 책 쓰기를 통해 알게 되었다. 책을 쓰지 않았다면, 이 모든 것을 알지 못하고 평범한 교사로 만족하면서 은퇴를 맞이했을 것이다.

책을 써보니, 책 쓰기는 언제나 경이롭다. 제목을 정하고 목차를 정할 때,

새로운 힘이 생긴다. 공문처리 등 여러 업무를 처리하는 것과는 사뭇 다르다. 노트북 앞에서의 책 쓰기는 언제나 즐겁고, 희망이 솟는다. 소제목 하나하나 쓸 때마다, '이 소제목은 어느 독자에게 선한 영향력을 끼치게 될까?'라고 생각하면, 새로운 힘이 생긴다.

헨리에트 앤 클라우저(Henriette Anne Klauser)는 《쓰면 이루어진다》에서 이렇게 말했다.

"기록한 대로 이루어진다는 믿음을 담아 열정적으로 펜을 움직이면, 그것은 스스로 에너지를 발산하게 된다. 결국, 당신의 손으로 삶을 움직이게 되는 것이다."

이 말 중에서 어느 부분이 가장 가슴을 뛰게 만드는가?

"결국, 당신의 손으로 삶을 움직이게 되는 것이다."

다시 읽어봐도 가슴 뛰게 만든다. 필자도 '쓰면 이루어진다.'라는 믿음으로, 나의 첫 개인 저서를 썼다. 3개월 만에 쓴 필자의 첫 저서를 출간한 후, 내가 꿈꾸던 일들이 하나씩 이루어지는 것을 보았다. 나의 삶이 이미 베스트셀러였음을 여러 독자가 인정해주었다. 그리고 내가 이미 베스트셀러 작가였음을 '예스24'와 목동 '교보문고'에서 증명해주었다. 그리고 책 쓰기 코칭을 해달라는 독자들도 나타났다. 내가 내 손으로 책을 써서 내 삶을 움직이게 만든 것이다.

장영은의 저서 《쓰고 싸우고 살아남다》에서 이디스 헤밀턴(Edith Hamilton)과 버지니아 울프(Virginia Woolf)를 이렇게 소개하고 있다.

독일에서 미국인 부모로부터 태어난 이디스 헤밀턴은 매우 평범한 교사로, 퇴직을 준비하면서 한 권의 책을 쓰기로 마음먹었다. 그것은 어릴 때부터 즐겨 읽었던 고대 그리스의 신화와 비극 작품들을 독자들이 쉽게 이해할 수 있도록 정리하는 것이었다. 볼티모어에 있는 브린 모어 여학교의 교장으로 25년간 봉직한 헤밀턴이 60세에 은퇴한 후, 드디어 한 권의 책을 쓰기 시작했다. 그리고 63세가 되던 1930년에 《고대 그리스인의 생각과 힘》이란 제목으로 작품을 발표한다. 헤밀턴은 고대 그리스 세계를 20세기의 독자들에게 생생하게 보여주면서 뜨거운 호응을 얻었다. 그때부터 그녀는 새로운 인생 2막이 시작되었다. 헤밀턴은 이렇게 고백했다.

"우리의 과거는 그저 서막에 불과할 뿐이다."

헤밀턴은 은퇴 이전의 인생이 그저 서막에 불과한 것이라고 말했다. 그렇게 은퇴한 후에 쓴 한 권의 책이 그녀를 순식간에 유명한 작가로 만들었다. 그녀의 상상력을 동원해 쓴 이 책이 독자들에게 '삶의 지혜'를 일깨워 주었기 때문이다. 이 책을 통해 그렇게 유명해질 줄을 헤밀턴 자신도 미처 몰랐다고 한다. 그리고 이 책 출간으로 헤밀턴은 백악관에 들어가 강의하는 단골 강사가 되었다고 한다.

필자도 퇴직을 준비하면서 책 쓰기로 마음먹고 책을 쓰기 시작했다. 한 권을 써보니, 두 번째는 좀 더 쉬워졌다. 세 번째 저서는 두 번째보다도 더욱 쉬워질 것이라는 생각에, 제목을 정하고 목차를 잡아 지금 쓰고 있다.

일찍이 해밀턴이 보여준 것처럼, 은퇴 전은 그저 인생의 서막에 불과할 뿐이다. 은퇴 이후가 내 인생의 클라이맥스다. 내가 얼마나 가능성이 있고, 잠재력이 숨어 있는지 확인하고 싶다. 그래서 은퇴 이후의 내 인생이 기대된다. 어디 나쁘겠는가! 이 글을 읽는 당신도 자신이 어떤 인물인가를 보여주기를 바란다. 자신을 보여주기 위해서는 우선 책을 읽고, 책을 쓰기 바란다.

다음은 버지니아 울프에 관한 이야기다.

버지니아 울프의 아버지는 케임브리지 대학교 교수였던 레슬리 스티븐(Leslie Stephen)이다. 그는 《영국 인명사전》의 초대 편집장을 역임하기도 했다.

책을 좋아하는 버지니아 울프는 어린 시절부터 아버지의 서재에서 책을 읽었다고 한다. 아버지는 자신을 닮은 둘째 딸을 자랑스러워했지만, 후에 케임브리지 대학교에 들어가는 것만은 반대했다. 단지 여자라는 이유뿐이었다. 학교는 남자들이 가는 곳이라고 아버지는 못을 박았다. 대신 딸들을 위해 가정교사를 두었고, 수학은 자신이 직접 가르쳤으며, 라틴어와 프랑스어, 역사는 어머니가 가르쳤다. 버지니아 울프는 이런 상황을 도저히 이해할 수 없었다. 그녀는 킹스 칼리지에서 그리스어와 역사 과목을 청강하는 한편, 케임브리지 친구들과 토론 모임에 참석했다. 이즈음 아버지는 암 판정을 받고 투병 끝에 사망하게 된다.

이후 1904년부터 버지니아 울프는 〈가디언〉과 〈타임스〉에 서평을 쓰기 시작했고, 1907년에는 소설을 쓰기로 한다. 글쓰기를 시작한 버지니아 울프는 위대한 작가가 되고 싶어 했다. 그녀는 글쓰기를 통해 아버지를 잃은 상실감과 죽음에 대한 공포를 서서히 극복해냈다고 한다. 그리고 출판 기획자로 활동하면서 프로이트(Sigmund Freud), T. S. 엘리엇(Thomas Stearns Eliot) 등과 교류했다. 이때 작가적인 역량이 일취월장했다고 한다.

버지니아 울프를 보면, '누구와 만나느냐?'는 인생에서 매우 중요함을 알 수 있다. 그녀는 작가적인 역량을 끌어 내어줄 수 있는 사람들과 교류를 했던 것이다.

버지니아 울프는 1925년에 《댈러웨이 부인》, 1927년에 《등대》를 발표하면서 작가로서의 자신감을 얻었다. '내 마음속에서 내 목소리로 무엇인가 말하는 방법을 찾아냈다.'라는 사실을 확신하고, 일종의 해방감도 느꼈다고 한다. 버지니아 울프는 이렇게 말했다.

"나는 이제 누가 칭찬하지 않아도 앞으로 나아갈 수 있을 것이라는 느낌이 든다."

그녀는 작가가 된 후, 날마다 열 시간 이상 책을 읽고 쓰는 규칙적인 삶을 실천했다고 한다. 이렇게 버지니아 울프는 글쓰기에 모든 것을 건 작가였다.

글을 쓰면서 진정 새로운 인생을 살아간 작가이다. 그리고 다른 사람의 시선을 의식하는 삶이 아닌, 온전히 자신의 삶을 살아간 작가이다.

초보 작가들은 독자들의 독서 평에 귀 기울이는 경향이 있다. 필자 또한 '독자가 어떤 말을 할까?' 하고 귀를 쫑긋 세우고 듣곤 했다. 긍정적인 독서평이 있는가 하면 그렇지 않은 평도 있다. 칼같이 예리하게 평을 해주는 독자는 나의 형제자매들이었다. 호평해도 감사하고 혹평을 해도 감사하다. 호평은 더욱 발전시키면 되고, 혹평은 앞으로 개선하여 책을 쓰면 된다. 독자들은 나의 귀한 평론가들이다.

엊그제 한 독자로부터 전화를 받았다. 평소에 책을 많이 읽는 분으로, 내게는 훌륭한 평론가이다.

"선생님은 교사보다 작가가 더 적성에 맞는 것 같아요."

누가 칭찬해주지 않아도 나도 이젠 버지니아 울프처럼 앞으로 나아갈 수 있을 것이라는 생각이다. 이제 당당한 작가로서, 혼자 설 수 있게 되었다. 우리의 과거는 그저 서막에 불과할 뿐이다.

03 작가 지망생 제자들이 점점 늘어나다

책은 꿈꾸는 걸 가르쳐 주는 진짜 선생이다.

— G. 바슐라르(G. Bachelard)

학교에서 학생 정규동아리로 필자가 독서동아리를 운영하고 있다. 동아리 부원은 11명. 이 학생들은 모두 중학교 2, 3학년 학생들이다. 1학년 학생들도 많이 신청했는데, 독서동아리 정원이 11명이므로 다른 동아리로 보냈다고 담당 선생님이 전해주었다.

이 학생 가운데 7명이 작가의 꿈을 가진 학생들이다. 작년만 해도 2명만 작가의 꿈을 가지고 있었다. 그런데, 이렇게 작가 지망생 제자들이 점점 늘어나고 있다.

오늘 학교로 출근하여 2층 계단을 오르고 있는데, 필자를 부르는 소리가 들렸다. 뒤에서 부르는 줄 알고 계단 아래를 내려다보고 있는데, "선생님!" 하고 위에서 부르는 것이었다. 김민서였다. 내가 낳은 딸을 만난 듯 반가웠다. 이 학생은 마음씨도 곱고 얼굴도 예쁘다. 그림도 잘 그리고, 피아노도 잘

친다. 한 달 전부터 이 학생과 더욱 가까워졌다.

한 달 전, 한 학급 전체 학생들이 합창하는데, 민서가 피아노를 치고 있었다. 얼마나 잘 치던지 내가 피아노 연주를 못하니, 민서가 마냥 부러웠다. 그래서 만났을 때, 칭찬해주었다.

"피아노 잘 치는 것이 내 꿈인데, 너 연주 잘하더라. 너 멋있었어."
"정말요? 감사합니다."
"시간이 날 때마다, 더 열심히 연습해."
"네! 그럴게요. 감사합니다."

며칠 전에는 민서가 플루트 연주 연습을 위해 빈 교실로 들어가는 것을 보았다. 이렇게 학교생활에 충실한 학생을 오늘 출근하면서 또 만나게 된 것이다.

"선생님! 안녕하세요?"
"민서구나! 또 만났네."
"선생님! 저서가 자기소개서가 될 수 있어요?"
"자기소개서란 말 그대로 자기를 소개하는 글이기 때문에, 책이 최고의 자기소개서라고 볼 수 있지."
"그러네요. 저 일기 쓰기로 했어요. 나중에 일기를 책으로 내도 되죠?"

"그럼. 제목을 '민서의 비밀 일기'라고 하는 것이 좋겠다. 제목에 대해 더 고민해 보자."

"네!"

이렇게 대화를 나누고 있는데, 뒤따라오시는 한 선생님이 계셨다. 난 인사를 하면서 말을 건넸다.

"민서가 저의 저서를 읽고, 일기 쓰기로 했답니다. 작가로서 얼마나 기쁜지 모릅니다. 제가 책을 쓴 보람을 이런 데에서 느껴요."

"그러네요. 저서 출간 후 좋은 일들이 계속 생기네요."

박성배 박사의 저서 《내 인생을 다시 쓰는 책 쓰기》에서도 '일기'에 관한 내용이 나온다.

19세기 러시아 문학을 대표하는 세계적인 문호 톨스토이(Leo Tolstoy)가 있다. 그는 1828년에 태어나 19세 때인 1847년부터 63년 동안 일기를 썼다. 어릴 때 부모를 잃고 친척 집에서 불우하게 자란 그가 위대한 문학가로 우뚝 설 수 있었던 것은 바로 일기를 쓴 덕분이라고 한다. 그는 평생 일기를 쓰면서 자신의 내면을 글로 표현하는 훈련을 했다. 특히 그가 죽기 전, 마지막 순례를 목적으로 기록한 3개월간의 일기는 《톨스토이의 비밀 일기》라는 제목으로, 2005년에 국내에서도 출간되었다. 세계 명작 《전쟁과 평화》,《안나 카레니나》,《부활》,《사람은 무엇으로 사는가?》 등 여러 문학 작품을 남긴 톨스토이는 러시아 문학과 정치에 지대한 영향을 끼친 사람이다. 민서가 톨스토이처럼 위대한 문학가로 우뚝 서기를 간절히 바란다.

프랑스의 철학자 앙리 프레데릭 아미엘(Henri-Fredric Amiel)은 평생 독신으로 지내면서 18세부터 60세까지 일기를 썼다. 1만 7천여 페이지에 이르는 일기이다. 이 방대한 일기 중, 주옥같은 일기만 뽑아 17개의 주제로 편집한 일기 모음집이 있다. 바로 《아미엘의 일기》이다. '일기'는 남에게 읽히기 위해 쓰는 글이 아니다. 즉 독자는 일기를 쓰는 자기 자신이다. 아미엘도 일기를 쓰면서 남에게 읽히기 위해 쓴 것이 아니었다. 자신의 마음을 진정시키고, 추억의 실마리로 간직하기 위해 썼다. 그리고 자신의 이상과 현실의 괴리를 극복하기 위해 썼다. 그는 '일기'에 대해 이렇게 표현했다.

"일기는 고독한 사람의 정신적 친구이고, 위로의 손길이며, 또한 의사이기도 하다."

그렇다. 일기는 고독한 사람의 정신적인 친구로, 최고의 친구가 될 수 있다. 일기를 쓰면 위안은 물론 상처 입은 마음이 치유되기도 한다. 매일 자기 생각을 정리할 수 있고, 같은 실수를 반복하지 않게 만든다. 또한, 말을 논리적으로 잘할 수 있는 능력을 길러주고, 글쓰기 능력도 향상시켜 준다.

어떤 사람은 주체할 수 없는 감정을 입으로 다 쏟아 놓는 사람이 있다. 하지 말아야 할 말까지 마구 쏟아 놓는 것을 보고, 크게 놀란 적이 있다. 분명 몇 분 지나 정신을 차리게 되면, 자신이 뱉은 말에 대해 후회하게 될 것이 불

보듯 뻔하다. 이런 사람은 반드시 일기를 쓰는 것이 좋겠다.

우리나라에도 일기 쓰기의 거장이 있다. 바로 《난중일기》를 쓴 이순신 장군이다. 정조 때 편찬된 이충무공전서는 이순신의 영웅적인 면모를 돋보이게 하려고, 인간적인 면은 삭제했다고 한다.

그러나 조선 중기, 임진왜란 7년 동안 쓴 그의 친필 《난중일기》에서는 공포와 싸운 인간의 모습을 자세히 볼 수 있다. 문인 출신으로 무관이 된 이순신 장군. 그는 감수성이 있고 섬세한 성격으로, 자식 걱정은 물론 아내의 건강을 걱정하는 '인간 이순신'이었다. 이순신의 일기는 장군으로서 공적인 일을 기록하는 업무일지이자, 자신의 사적인 경험과 생각 그리고 느낌을 기록한 일기이기도 했다. 정유년 초, 어머니를 잃은 이순신은 아들마저 잃었다. 영웅의 이름 아래 가려진 그의 심정을 《난중일기》에서 이렇게 표현하고 있다.

"나는 내일이 막내아들의 죽음을 들은 지 나흘째가 되는 날인데도, 마음껏 울어보지도 못했다."

기록의 힘은 위대하다. 김민서 학생이 초심을 잃지 않고 꾸준히 일기를 써서, '민서의 비밀 일기'가 책으로 발간되어 세상에 나오길 기대한다. 그리하여 톨스토이처럼 위대한 문학가로 우뚝 서기를 간절히 바란다.

얼마 전에는 고3 학생이 웹 소설을 썼는데, 출간해주겠다고 출판사에서 연락이 왔다는 것이다. 그리고 계약까지 했다고 한다. 얼마나 기뻤던지, 교사들은 제자들이 잘되면 그것보다 더 기쁜 일이 없다. 조지프 애디슨(Joseph Addison)은 이런 말을 남겼다.

"독서가 정신에 미치는 영향은 운동이 육체에 미치는 영향과 다름이 없다."

김민서 학생이 내 책을 읽고 일기 쓰기를 결심했듯이, 작가가 미치는 영향은 이렇게 크다. 작가들은 '책 쓰기의 힘'을 믿는다. 노트북 앞에서 자신의 이야기를 쓰면서 독자들이 변화하고 성장할 것을 상상하며 쓴다. 소제목 하나하나 써 내려갈 때마다, 절망 가운데 있는 독자가 힘차게 일어설 것을 믿으며 쓴다. 이 믿음으로 책을 써 발간하고, 또 쓰기 시작한다.

04 나의 버킷리스트, 베스트셀러 작가 되다

'새벽'하면 생각나는 나의 에피소드가 있다. 초등학교 1학년 때의 일이다.

마을에 있는 작은 교회에서 부흥회가 열렸다. 저녁에도 교회에 가고, 새벽에도 교회에 갔다. 하루는 눈 뜨자마자 새벽기도회에 늦은 줄 알고, 교회로 달려갔다. 그런데 교회에 불이 꺼져 있는 것이었다. 출입문도 잠겨 있었다. '내가 좀 일찍 왔나? 그럼, 좀 기다렸다가 문 열어 주시면 들어가야지.' 하면서 기다리고 있었다. 그런데 한참을 기다려도 교회 문은 열리지 않았다. 몸이 떨리기 시작했다. 그래도 좀 참고 기다렸다. 그런데 너무 추워서 더 기다리기만 할 수 없었다. 출입문을 두드리기 시작했다. 그런데 아무 인기척이 없었다. 또 문을 두드렸다. 그래도 반응이 없었다. 이제는 문을 두드리면서 있는 힘을 다해 목사님을 부르기 시작했다. 드디어 목사님의 목소리가 들려왔다.

"선옥아! 더 자고 와. 지금 밤이야."

"네? 알았어요."

그 당시 우리 집에 시계가 없었다. 눈을 떴는데, 동녘이 밝아오는 느낌이었다. 나도 모르게 벌떡 일어나서, 한밤중에 교회로 달려간 것이다. 지금 생각해보면 곤히 주무시고 계셨을 목사님께 죄송한 마음이 든다.

저녁에는 잠자리에 들 때, 시간이 아깝다는 생각이 들지 않는다. 매우 피곤할 정도로, 그날 하루를 열심히 살았기 때문이다. 그런데도 새벽 미명에 눈을 뜨면 벌떡 일어나 무엇인가를 해야 직성이 풀렸다. 그렇지 않고 계속 누워 있으면, 시간이 너무 아까웠다. 피곤이 모두 사라졌는데, 또 잠을 잘 필요가 없었다. 시인 루미(Rūmī)가 이런 말을 남겼다.

"새벽에 부는 산들바람은 너에게 말해줄 비밀을 간직하고 있단다. 다시 잠들지 말아라."

이렇게 일찍 자고 일찍 일어나는 습관은 어른이 되어서도 마찬가지였다.

직장에서 온종일 일하다 보면, 퇴근 무렵에는 발이 부어올랐다. 귀가하기 위해 실내화를 구두로 갈아신으려면 구두가 작아 내 발을 구겨 넣어야 했다. 이렇게 피곤하다 보니, 퇴근 후에는 많은 일을 해내지 못한다. 저녁에 학생들 야간학습 지도라도 하면, 귀가 후 집안일은 더욱 하지 못했다.

그래서 나는 대부분 새벽에 일어나 집안일을 했다. 아침밥을 하고, 널었던 빨래를 걷어 정리했다. 아파트에서 층간 소음이 크기 때문에, 방과 거실 바닥을 청소기 대신 걸레로 닦았다. 그리고 시간이 지나면 세탁기를 돌렸다. 아침 밥상을 차리고, 빨래를 건조대에 널었으며, 설거지까지 마치고 출근했었다. 새벽부터 분주하게 일하다 보면, 옷이 땀으로 흠뻑 젖는 날이 많았다.

이렇게 생활하기를 30여 년. 지금 생각해보면, 나의 지적 성장을 위해 새벽 시간을 알차게 활용하지 못한 것이 내내 아쉽다. '내가 새벽에 독서를 좀 했더라면', '일찍부터 책을 썼더라면' 이렇게 생각하면서 아쉬움을 떨칠 수가 없다. 그동안 나를 돌아보지 못하고 살았다. 내가 없는 삶을 살아왔다. 그래서 나에게 기회를 주었다. 작년부터 새벽에 책 쓰는 여자로 변신한 것이다. 집안일이야 쓸고 닦아도, 시간이 지나면 또 쓸고 닦아야 하는 일이다. 집안일은 아무리 열심히 해도 표시가 잘 나지 않았다.

그런데 책을 써 보니, 책 쓰기가 막강한 힘을 지니고 있었다. 책 쓰기가 나의 잠재력을 끌어내었다. 내가 무한한 가능성을 지니고 있다는 것을 발견했다. 꿈 너머 꿈을 찾아 주었다. 나의 자존감도 높여주었다. 도전정신도 갖게 했다. 가슴에 묻어두었던 아픔도 치유되었다. 이렇게 새벽에 책을 쓴 것이 나를 완전히 바꾸어 놓은 것이다.

나의 첫 개인 저서가 출간된 후, 인터넷 서점으로 들어가 보았다. 예스24, 인터파크, 교보문고 등 여러 인터넷 서점에서 나의 저서가 베스트셀러 사이에 끼어 있었다. 제목에 '베스트셀러'라는 단어가 있다 보니, 베스트셀러들과 나란히 있는 것도 이상하지 않았다. 그런데 '판매지수'라는 단어가 눈에 띄었다. 판매지수가 무엇일까? '지수'라는 단어가 있으니, 판매 부수는 아니었다. 궁금해서 인터넷으로 검색해보았다.

'판매지수'란 판매한 상품의 수량 표시가 아닌, 당사에서 집계하는 일종의 판매 실적 수치라고 했다. 상품의 누적 판매분과 최근 몇 개월 판매분에 대한 수량, 그리고 주문 건을 종합한 것에 가중치를 주어 집계한다는 것이다. 즉 판매지수는 판매 부수가 아닌 나름의 판매 수치라는 것이다. 판매지수를 발견한 이후, 예스24, 인터파크 등에서 아침마다 판매지수를 확인하는 버릇이 생겼다.

인터넷으로 판매지수의 뜻을 찾다가, 어느 작가의 책 출간 후의 일상을 엿보게 되었다. 책 출간 후, 매일 밤 스마트폰을 머리맡에 두고 잔다는 것이다. 그리고 아침에 눈 뜨자마자 스마트폰으로 인터넷 서점에서의 판매지수와 순위를 점검한다는 것이다. 판매지수와 순위가 보이는 페이지가 열리는 순간, 매번 심장이 떨린다고 했다. 독자들의 반응을 두 눈으로 확인해야만 직성이 풀린다고 했다. 인지상정이다. 작가라면 누구나 이러한 과정을 거치겠다는 생각이 든다. 나도 아침마다 판매지수를 확인하고 있었기 때문이다.

출간한 지 2주 안에 판매지수가 어느 정도는 되어야, 앞으로도 꾸준히 독자들이 구매할 가능성이 있다고 한다. 그러나 판매지수가 지지부진하면 어렵게 쓴 개인 저서가 흔적도 없이 사장된다는 것이다. 출간 후, 3주 차를 넘기고 4주 차에 한 번 더 힘을 내서, 점프하느냐가 매우 중요하다고 했다. 그렇지 않으면 슬슬 하향곡선을 그려 사장된다는 것이다. 즉 기본 독자들이 모두 책을 산 후, 2차 독자들의 구매로 3, 4주째에도 판매가 여전히 상승세이면 매대에 '세울 수 있는' 확률이 높아진다는 것이다. 즉 오프라인 서점에서 책이 매대에 '누워 있는' 게 아니라, 베스트셀러 코너에 세워져서 전시된다는 것이다. 그리고 한 번 '세워져서' 잘 팔리는 책은 더 잘 팔리는 법칙이 있어서, 얼마간 생명력 연장을 보장받는다고 한다. 그래서 작가들은 책 출간 후, 약 한 달간은 판매 추이의 노예로 살게 된다고 한다.

어느 날 아침, 나는 판매지수를 확인하다가 그동안 보이지 않던 단어를 발견했다. '베스트셀러'이다. YES24에서 책 표지 위쪽에 '소득공제'라는 단어만 있었는데, 그 옆에 '베스트셀러'라고 쓰여 있었다. 다음 날에도, 또 그다음 날에도. 아래에는 등위도 있었다. 97위, 71위, 65위, 등위가 56위까지 가기도 했다.

난 처음에는 알아보지를 못했다. 내 책이 베스트셀러가 된 줄 몰랐다. 그런데 꿈에 그리던 '베스트셀러'가 된 것이다. 나의 버킷리스트인 베스트셀러 작가가 된 것이다. 그렇게 3주 동안 나의 첫 저서가 '베스트셀러'였다. 그 후 한동안 보이지 않다가 또 1주 베스트셀러가 되었다. 그 후에도 또 1주 베스트셀러가 되어 지금은 예스24에서 '베스트, 기획 / 정보 / 시간관리 top100 10주'라고 보인다.

목동 교보문고에서도 '베스트셀러'였다. 친구가 사진을 찍어 카톡으로 보내준 것을 보고 그때야 알았다. 내 저서가 '베스트셀러' 코너에서 9위로 자리 잡고 있었다. 친구가 소식을 전해주지 않았다면, 베스트셀러가 되었는지도 몰랐을 것이다. 새벽에 일어나 출근하기 전, 두 시간씩 3개월 동안 쓴 책이 베스트셀러가 된 것이다. 새벽이 베스트셀러 작가를 탄생시킨 것이다.

이젠 알람이 울리지 않아도 눈이 떠진다. 새벽이 밤새도록 나를 기다렸다가, 내가 눈을 뜨면 귓속말로 이렇게 말한다.

"희망찬 하루가 또 시작됐어. 오늘도 어떤 일이 생길지 기대해 봐!"

05 독자들로부터 책 쓰기 코칭 제안을 받다

필자의 꿈은 개인 저서 한두 권 쓰는 것이 아니다. 저서 한두 권 쓰고 작가 행세를 하고 싶지는 않다. 그래서 지금 세 번째 저서를 쓰는 중이다. 작가라면 꾸준히 책을 쓰는 사람이어야 할 것이다. 그리고 책 쓰기 방법에 대해 말할 수 있는 사람이어야 할 것이다. 책 쓰기에 대해 말할 수 있는 사람은 책 쓰기 코칭도 할 수 있어야 할 것이다. 저서 두 권을 썼을 뿐인데, 책 쓰기 코칭 제안이 여러 명 들어왔다.

"지금은 교직에 있으므로, 책 쓰기 코칭을 할 수 없어요."

라고 했더니, 나의 은퇴만을 기다리고 있다. 벌써 은퇴 축하 메시지를 받기도 했다. 책 쓰기 코칭도 국어 교사 못지않게 보람이 있을 것 같다.

교외 백일장에 나간 우리 학생들이 '대상'이나 '금상'을 받아왔을 때, 그 기쁨을 말로 다 표현할 수가 없다. 얼마나 기쁘던지, 세월이 흐른 지금 생각해도 기쁘고 행복하다. 학생이 상을 받으면, 교사가 받은 것처럼 그렇게 기쁠 수가 없다. 이것이 교직 생활의 맛이며 멋이다. 제자의 성공을 보고, 기뻐하지 않는 교사가 있을까? 제자가 성공하는 것에 질투를 느끼는 교사도 있을까? 제자의 성공은 곧 교사의 성공이며, 교직 생활의 보람이라고 할 수 있다.

이제 교직 생활에서의 기쁨과 보람 그리고 성공의 기쁨을 책 쓰기 코칭으로 느끼고 싶다. 제자들이 자신의 개인 저서를 출간하고 기뻐할 때, 코칭한 코치는 얼마나 기쁠까! 상상만 해도 기쁘고 행복하다.

책 쓰기 코칭을 하고 싶은 제자가 있어 책 쓰기를 권했다. '내 제안을 거절하면 어쩌나?' 하고 내심 걱정했는데, 써보겠다고 대답했다. 지금 당장 책 쓰기를 지도하는 것은 아니고, 앞으로 책을 쓸 수 있도록 능력을 길러주고 싶었다. 우선 독서지도부터 해야겠다는 생각에 도서를 추천하여 읽게 했다. 첫 번째 추천 도서는 나의 첫 번째 저서이다. 내 책을 읽고 짧지만, 감동적인 독후감을 보내왔다.

두 번째로 추천한 도서는 벤 카슨(Ben Carson)의 《천혜의 손》이다. 이 책을 읽고, 독후감을 카톡으로 또 보내왔다. 난 제자가 쓴 이 독후감을 읽고 감격해 눈시울이 뜨거워졌다. 이렇게 길게 그리고 감동적인 독후감을 써서 보내리라고는 전혀 생각하지 못했기 때문이다.

벤 카슨의 《천혜의 손》, 이 책을 읽고, 난 큰 용기를 얻었다.

천혜의 손 주인공 벤 카슨은 어렸을 때, 부모님의 이혼으로 가난한 집에서 살았다. 그는 친구들로부터 왕따를 당하거나 인종차별을 당하는 등 안 좋은 일들을 겪었다. 하지만, 어머니 쏘냐 카슨의 격려와 가르침에 용기를 잃지 않았다. 그리고 하나님을 의지하며 생활했다. 벤 카슨은 어떠한 상황에서도 불평하지 않고, 자신의 절대적인 지지자 쏘냐 카슨에게 순종하며 살았다. 그 결과 자신의 꿈을 이루게 되었다. 의사가 된 것이다. 벤 카슨은 이렇게 고난을 극복하고 드디어 성공했다.

벤 카슨의 이러한 모습을 보면서, 나도 지금 하는 일에 최선을 다하면 성공할 수 있겠다는 생각이 들었다. 작은 일에도 성실하며, 겸손을 항상 머릿속에 장착하고 생활한다면, 분명히 내게도 좋은 일이 생길 것이라는 생각이 들었다. 그리고, 내가 어릴 때부터 갖고 있었던 꿈을 이룰 수 있겠다고 생각했다. 내가 벤 카슨으로부터 본받고 싶은 것은 자신이 하고자 하는 일에 집중하는 것이다. 그리고 당당하게 살아가는 것이다.

벤 카슨은 다양한 인종차별을 겪기도 했다. 한번은 기차역에서 한 백인무리가 몰려와 흑인 주제에 다시는 이곳에 오지 말라는 폭언을 들어야 했다. 학교에서는 백인 학생들보다 공부를 잘한다는 이유만으로, 선생님이 백인 학생들에게 어떻게 흑인 학생보다 공부를 못하냐며 꾸중하기도 했다. 병원 레지

던트 시절에는, 백인 선임 레지던트에게 폭언과 차별을 당하면서도 자기 일에 최선을 다했다.

난 벤 카슨의 대인배적인 모습이 마음에 들었다. 벤 카슨이 인턴 시절 출근했을 때, 그 병원의 간호사는 흑인 벤 카슨을 보고, 잡역부 같은 사람 정도로 생각하며 누구를 찾느냐고 물었다. 벤 카슨은 누구를 찾으러 온 것이 아니라, 이번에 새로 온 인턴이라고 말했다. 그 순간 간호사가 당황했을 때 벤 카슨은 이렇게 말했다.

"괜찮습니다. 새로 온 사람이니 댁이 내가 누군지 알 도리가 없는 거죠."

벤 카슨은 당당하고 멋진 모습을 보여주었다. 벤 카슨은 속으로 '괜찮습니다. 사람이란 과거의 경험을 바탕으로 무엇을 하므로, 그렇다는 것을 제가 압니다. 당신은 이전엔 흑인 인턴을 만난 적이 한 번도 없었으니 말입니다. 흰 가운을 걸친 흑인, 호흡기 질환 치료사는 처음 볼 것입니다.'라고 생각했다. 벤 카슨이 이렇게 마음이 넓은 사람이다. 나도 그렇게 벤 카슨처럼 살고 싶다. 내 위치, 내 외모를 떠나서 내가 모자랄 것이 없다고 생각하면서 당당하게 살아야겠다고 생각했다.

벤 카슨은 다른 의사들이 생각하지도 못한 대뇌 반구 절제 수술로 수많은 아이를 살렸으며, 샴쌍둥이 분리 수술까지 성공시켰다. 1960년대 사회에서 흑인이 이렇게 큰 성과를 낸다는 것은 엄청난 일이었다. 벤 카슨은 인종, 환경을 떠나서 노력하고 하나님께 의지하면 성공할 수 있다고 한다. 자신의 피부색 같은 것은 문제가 되지 않는다는 것이다. 이러한 벤 카슨의 당당하고 용기 있는 삶을 나는 본받고 싶다. 만약 친구들이 책을 추천해 달라고 한다면, 난 삶의 용기와 지혜를 준 벤 카슨의 《천혜의 손》을 추천해줄 것이다.

책은 이렇게 독자에게 감동을 주고 삶의 용기를 갖게 하며, 잠자던 꿈을 다시 꾸게 한다. 이게 '독서의 힘'이다. 그런데 독서보다 더 큰 힘을 갖게 하는 것이 있다. 바로 책 쓰기다. 책 쓰기는 독서의 힘보다 열 배 더 강하게 삶의 용기를 가져다준다. 그리고 매 순간 눈부시게 성장할 수 있도록 돕는다. 이것이 책 쓰기의 매력이다.

책 쓰기보다 더 강한 힘을 발휘할 책 쓰기 코칭을 나는 꿈 꾸고 있다. 책 쓰기가 독서의 힘보다 10배의 힘을 발휘한다면, 책 쓰기 코칭은 책 쓰기보다 100배의 강한 힘을 발휘하게 될까? 아직은 잘 모르겠지만, 그렇게 기대하고 있다. 앞으로 책 쓰기 코칭으로 많은 제자를 만나고 싶다. 제자들이 크게 성공하는 모습을 지켜보고 싶다. 엘리노어 루즈벨트(Eleanor Roosevelt)는 이런 말을 남겼다.

"미래는 꿈의 아름다움을 믿는 사람들에게 주어진다."

교직 생활에서 은퇴를 앞둔 지금, 내가 간절하게 원하는 것은 책 쓰기 코칭이다. 국어 교사 경력으로, 최고의 책 쓰기 코치가 될 것이다. 교사인 지금 교사가 적성에 맞는다는 말을 많이 들었다. 그런데 책을 쓰니 작가가 적성에 맞는다는 말을 또 듣게 되었다. 앞으로 책 쓰기 코칭을 하면, 책 쓰기 코칭이 적성에 맞는다는 말을 또 들을 것을 나는 믿는다. 지금까지 내가 늘 성실하게 살아왔으니, 앞으로도 성실하게 그리고 최선을 다해 책 쓰기 코칭을 하려고 한다. 이젠 어른 제자들이 생길 것을 생각하니, 벌써 설렌다.

06 상상한 대로 '작가와의 만남'에 초청되다

'상상하면 꿈이 현실이 된다.'라는 말을 난 믿는다. '베스트셀러'가 될 것을 상상하면서 책을 썼고, '작가와의 만남'을 상상하면서 책을 썼다. 실제로 예스24에서 첫 번째 저서가 10주 동안 베스트셀러였고, 목동 교보문고에서 베스트셀러 9위였다. 그리고 '작가와의 만남'에 초청되었다. 상상의 힘은 위대하다. 상상하면 그 꿈이 현실이 되니 말이다. 작가와의 만남을 이렇게 상상했었다.

안녕하세요? 김선옥 작가입니다. 제가 여러분 앞에 이렇게 서서 작가와의 만남을 진행할 줄 알았습니다. 책을 쓰면서, 또는 운전하면서 상상을 많이 했거든요. 상상하면 꿈이 현실이 된다는 것을 저는 믿고 있었습니다. 여러분을 만나 행복합니다.

여러분! 오늘도 힘드셨죠? 힘들수록 감사해야 합니다. 왜냐하면, 책 쓰기의 좋은 글감을 제공하고 있으니 말입니다. 여러분의 인생 경험, 그 경험을 통해 얻은 지식과 삶의 지혜가 최고의 글감입니다. 에드거 앨런 포(Edgar Allan Poe)가 이런 말을 했습니다.

"시련이 없다는 것은 축복받은 적이 없다는 것이다."

그렇습니다. 저의 인생에도 힘든 여정이 있었습니다. 땡볕 같은 고통도 있었습니다. 이 모든 것을 인내로 극복해냈습니다. 그래서 이렇게 작가가 되었고 여러분 앞에 섰습니다.

이렇게 '작가와의 만남'에 초청되어 독자들 앞에 서 있는 내 모습을 상상했었다. 그리고 내가 상상한 대로 꿈이 현실이 되었다. '작가와의 만남'에 초청된 것이다.

초청된 학교는 인근 홍주중학교, 학부모님 대상이다. 이 학교에서 근무하시는 김현진 부장님이 내 저서를 읽고 감동하여 '학부모 독서아카데미'에 필독도서로 선정했다는 것이다. 그래서 '작가와의 만남'도 추진하게 되었다고 했다. 진행해야 할 시간은 2시간으로, 1시간 정도야 수업을 늘 해왔기 때문에 걱정이 되지 않았지만, 2시간은 준비를 해야 했다. 그래서 '저자로서 하고 싶은 말'이 무엇일까 생각해보았다. 세 가지였다.

첫 번째는 어떻게 작가가 되었을까?

두 번째는 당신의 삶도 이미 베스트셀러이다.

세 번째는 당신도 이미 베스트셀러 작가이다.

두 번째와 세 번째는 나의 개인 저서 제목들이다. 2시간 분량으로 PPT를 50여 장 준비했다. PPT 한 장씩 넘길 때마다 전하고자 하는 말이 생각나도록 제작했다.

드디어 기다리던 '작가와의 만남' 행사 당일이 되었다. 설레는 마음이 온종일 가슴속에서 꿈틀댔다. 그리고 저녁 7시에 점점 가까워졌다. 또 하나의 꿈이 현실로 바뀌는 시각이다. 저녁 식사로 김밥을 먹고, 20여 분 일찍 초청된 학교에 도착했다. 축가를 해줄 막내 남동생이 벌써 도착해, 주차장 계단을 내려오고 있었다. 집에서 동생을 볼 때와는 달리 특별한 만남의 기쁨을 맛보았다. 동생과 나란히 걸으면서 운동장을 지나 현관에 들어섰다. 김현진 부장님이 우리를 반갑게 맞이해주셨다. 우리 남매는 부장님을 따라 2층 진로활동실로 향했다. 2층 복도에는 저녁 식사를 하지 못하신 분들을 위해 맛있는 샌드위치와 두유가 준비되어 있었다. 학부모회장도 벌써 와 계셨다. 조금 기다리니, 학부모님들이 줄지어 들어오시기 시작했다. 7시가 좀 지나, 부장님이 우리를 소개했다.

"오늘 '작가와의 만남'을 진행하실 작가님, 김선옥 선생님입니다. 그리고 저쪽 분은 내포중학교에 재직 중인 음악 교사로, '작가와의 만남'을 위해 축가를 부르러 오신 김선수 선생님입니다. 이 두 분 좀 보세요. 어떤 관계일까요?"

학부모님들이 잠시 웅성거리시더니, 모깃소리만 한 목소리가 들려왔다.

"부부?"
"엄마와 아들?"

학부모님들에게 질문을 던지자마자, 남매로 대답할 줄 알았다. 그동안 동생과 닮았다는 말을 많이 들어왔었으니까. 그런데 의외의 답변이었다.

"부부도 아니고, 모자 관계도 아닌 남매지간입니다. 그럼 지금부터 '작가와의 만남'을 축가로 시작하겠습니다. 박수로 맞이해주세요."

동생은 '시월의 어느 멋진 날에'를 부르기 시작했다.

"눈을 뜨기 힘든 가을보다 높은 저 하늘이 기분 좋아
휴일 아침이면 나를 깨운 전화 오늘은 어디서 무얼 할까"

목청이 얼마나 좋은지 파바로티가 무덤에서 일어나 홍주중학교에 온 줄 알았다. 끝부분 가사 '시월'을 '유월'로 바꿔 축가를 마무리했다. 학부모님들의 우레 같은 박수 소리가 교실을 가득 채웠다.

동생은 1970년에 태어났다. 1970년대는 새마을 운동이 한창일 때로, 1973년부터 정부는 새마을 운동을 대대적으로 홍보하여 전 국민운동으로 확산시켰다. 마을회관에서 날마다 새마을 노래가 스피커를 타고 울려 퍼졌다. 그 시절 동생이 노래를 부르기 시작하더니, 다섯 살이 되어서부터는 눈만 뜨면 새마을 노래를 목청껏 불렀다. 아마 날마다 새마을 노래를 부른 덕에 목청이 트인 것 같다. 새마을 노래 가사는 이렇다.

새벽종이 울렸네! 새 아침이 밝았네
너도, 나도 일어나 새 마을을 가꾸세
살기 좋은 내 마을 우리 힘으로 만드세

지금도 난 가사를 기억한다. 눈만 뜨면 들었으니까. 자식을 성악가로 키우고 싶다면 4~5세 때부터 노래 연습을 시켜 보길 바란다. 그리하여 소질이 발견되고, 본인이 노래하는 것을 좋아하여 꾸준히 노래하게 되면, 성악가로 활동하게 될 것이다.

축가를 마치고 본격적인 작가와의 만남이 시작되었다. 감격스러운 시간이다. 나의 꿈이 실현되는 시간이다.

"만약 당신이 꿈을 꿀 수 있다면 그것을 이룰 수 있다."

월트 디즈니(Walt Disney)의 말이다. 학부모님들 앞에서 드디어 내가 작가로 섰다.

"안녕하세요? 작가 김선옥입니다. 제가 독자들 앞에 작가로 서는 것을 꿈꿔왔습니다. 지금 이렇게 여러분 앞에 서니, 저의 꿈을 이룬 것입니다. 상상하면 꿈이 현실이 된다는 말을 저는 믿었습니다.

세계적인 기업가 버진 그룹의 리처드 브랜슨(Richard Branson)은《내가 상상하면 현실이 된다》라는 저서를 남겼는데, 그는 난독증을 지닌 고교 중퇴자에서 세계적인 기업가가 된 사람입니다. 그리고 그는 상상하면 꿈이 현실이 된다는 것을 알고 있었습니다. 그렇기에 그 어떤 어려움도 극복해낼 수 있었습니다.

장석주의 시 '대추 한 알'에서 대추가 저절로 붉어질 리 없고, 대추가 저절로 둥글어질 리 없다고 했듯이, 저 또한 저절로 작가가 된 것이 아닙니다.……"

시간이 너무 빠르게 지나고 있었다. 준비한 것을 다 전하려고 하다 보니, 좀 빨리 진행한 듯했다. '내용을 좀 빼놓더라도 좀 여유를 가지고 진행했으면 더욱 좋았을 텐데.'라고 후회하면서, '작가와의 만남'이 처음이니, 그럴 수 있다고 내가 나에게 속삭였다.

"혹시 질문 있으세요?"
"네! 앞으로 책을 몇 권 쓰실 계획입니까?"

"저의 저서 두 권 모두 3개월 만에 썼으니, 1년에 3권 정도는 쓸 수 있겠더라고요. 앞으로 10년 쓰면 30권인데, 제가 책 쓰기 코칭도 해야 하니, 20권이 목표입니다."

"다음에 오실 때도 동생분 데리고 오실 거죠?"

"네! 그렇게 하겠습니다. '작가와의 만남'을 동생의 노래로 시작하니, 저도 뿌듯합니다. 학부모님들! 무엇보다 중요한 것은 건강입니다. 날마다 행복하시고 건강하시길 빕니다. 감사합니다."

진행하시는 김현진 부장님이 이렇게 마무리하셨다.

"김선옥 작가님을 알고 지낸 지 9년이 되었는데, 그동안 가까이에 이렇게 좋은 분이 계신지 잘 몰랐었습니다. 오늘 '작가와의 만남'에 참석해주신 학부모님들 진심으로 감사드립니다. 안전하게 귀가하시기 바랍니다. 감사합니다."

이렇게 하여 작가로서 처음 진행하는 '작가와의 만남'을 마무리했다. 꿈만 같다. 꿈을 꾸니, 꿈들이 하나씩 현실이 되고 있었다.

07 출판사와 책 쓰기 코치로부터 스카우트 제안을 받다

....

꿈을 꾸세요. 그러면 그 꿈이 당신을 만들 것입니다.

— 로버트 J. 실러(Robert J. Shiller)

얼마 전에 출판사로부터 스카우트 제안이 들어왔다. 같이 일하자는 것이다. 그래서 무슨 일을 하게 되느냐고 물어보니, 대필 등을 한다는 것이다. '대필'이란 책을 내고는 싶은데, 시간이 없는 사람, 또는 필력이 부족한 사람들의 책을 대신 써주는 것이다. 나는 스카우트는 감사했지만, 정중히 거절했다. 나의 꿈은 대필이 아니라, 책 쓰기 코칭이기 때문이다.

직장생활을 하다 보면, 자신이 다니고 있는 직장의 유사업체로부터 스카우트 제안을 받는 경우가 있다. 물론 현재 직장보다 우대를 해주는 조건이다. 연봉을 2배 더 준다든지, 근무 환경을 개선해준다든지 하는 것들이 우대 조건이다.

스카우트 제안을 받을 때, 남들로부터 인정을 받았다는 증거이므로 기분이 좋을 수 있다. 그런데 스카우트 제안이 좋기만 한 것은 아니다. 능력을 인정

받은 것만은 분명하지만, 그 이면에는 인정받은 그 능력을 회사가 최대한 활용하려는 의도가 다분히 있기 때문이다. 그러면 회사가 그 능력을 다 활용했을 경우, 그 이후는 어떻게 되겠는가!

스카우트되어 회사를 옮긴 사람 대부분은 3년을 넘기지 못하고 다른 직장으로 또 이직하는 경우가 많다고 한다. 한마디로 떠돌이 생활이 시작될 수 있다는 것이다. 스카우트되어 회사를 옮기는 순간 혼자가 될 수도 있다는 것이다. 그래서 스카우트 제안이 들어왔을 때는 연봉 상승이나 능력을 인정받았다는 생각만 하지 말고, 자신의 힘으로 인생을 개척해나갈 준비가 되었는지, 점검해볼 필요가 있다. 스카우트 제안을 무조건 받아들이면 안 된다는 말이다. 스카우트 제안은 동전과 같이 양면성을 띠고 있다.

책 쓰기 코치로부터 코치팀 합류에 관한 제안도 받았다.

제안을 해주신 분은 한우리 미션밸리 대표이며, 대한민국 책 쓰기 코칭 작가, 그리고 목사님이신 박성배 박사이다. 나의 첫 개인 저서를 2020년 12월 14일에 서울 광화문 교보문고에서 구매하여 읽고, 메일을 나에게 보내면서 소통하게 되었다. 그리고 나의 두 번째 저서 《당신도 이미 베스트셀러 작가이다》 발간을 위해 추천사까지 써주신 분이다. 추천사에 이런 내용이 있다.

"제목만 읽어도 책을 쓰고 싶다는 생각을 하게 만들고, 쉽게 읽고 감동받을 수 있는 문체와 내용으로 쓰여 있다. 그래서 모든 사람에게 적극적으로 추천하고 싶다. 김선옥 작가의 글을 읽으면서 느끼는 것은 국어 교사로서 오랜 경험과 독서의 힘에서 나오는 글 전개 능력이 탁월해 파워 있는 작가라는 점이다. 그래서 김선옥 작가의 글은 어느 독자에게든지 큰 감동을 줄 것으로 기대된다."

박성배 박사는 내가 소원하는 대로, 책 출간과 함께 책 쓰기 코칭 작가로서의 새로운 인생 2막의 길도 활짝 열릴 것이라고 했다. 왜냐하면, 내가 오랫동안 국어 교사로서 교직에 있었기 때문이다. 그리고 "쓰면 이루어진다."라고 말한 앤 클라우저 박사의 말을 인용하여 두 번째 책에 쓴 대로 모두 이루어지기를 기원하며 진심으로 축하해 주신 분이다.

그러면 단지 내 저서만 읽고 나를 코치팀으로 스카우트하겠다고 제안했을까? 아니다. 자기소개서나 다름없는 나의 저서도 있지만, 책 쓰기 기획에 들어간 목차를 내게 보내와 퇴고해 보라고 했다. 난 성심껏 목차를 퇴고해 이메일로 보냈다. 이렇게 여섯 차례나 목차를 퇴고하는 시험을 내가 치렀다. 퇴고한 목차를 보낸 결과 어떻게 됐을까? 당연히 합격이다.

나는 미래 내 인생의 큰 그림을 지금 그리고 있다. 인생을 멀리 내다보고 계획을 세우게 된 것이다. 힘들 때는 나에게 주어진 하나뿐인 행복의 문이 닫혀버렸다고 생각했었다. 그런데 지난 삶을 되돌아보니, 행복의 문이 하나만 있는 것이 아니었다. 한쪽 문이 닫히면 다른 쪽 문이 열렸다. 눈 크게 뜨고 내 인생 전체를 살펴보니, 행복의 문들이 한두 개가 아니었다. 어디 나뿐이겠는가! 어느 인생이든지 여러 개의 행복의 문을 가지고 있다. 그러므로 한쪽 문이 닫혔다고 해서 절망할 필요가 없다. 고개를 옆으로 돌려 보면 또 다른 문이 열려 있는 것을 발견하게 될 것이다. 헬렌켈러(Helen Keller)도 이런 말을 했다.

"행복의 한쪽 문이 닫히면 다른 문이 열린다. 그러나 우리는 종종 닫힌 문만 너무 오래 쳐다보고 있기 때문에, 우리를 위해 열려 있는 다른 문을 보지 못한다."

한쪽 문밖에 보지 못하는 사람은 좁은 시야로 인생을 바라보기 때문이다. 과거에 매달리는 사람이기 때문이다. 고개를 돌려 넓은 시야로 인생을 바라보면, 행복의 문들이 도미노처럼 이어져 열릴 것이다.

암스테르담대의 심리학자 포스터(Jens Forster)는 다음과 같은 실험을 했다. 한 그룹에게는 '내일 나의 삶은 어떨까?'라고 생각하게 했다. 다른 한 그룹에게는 '1년 후 나의 삶은 어떨까?'라고 생각하게 했다. 그리고 두 그룹에 창의성 시험문제를 각각 내주었다. 여기에서 어느 그룹의 창의성 시험 성적이 좋았겠는가? 당연히 '내일'보다는 '1년 후'를 내다보는 그룹의 성적이 좋았다. 그러면 1년 후보다 10년 후는 어떨까? 한 사업가는 손을 대는 사업마다 성공했다고 한다. 그 비결은 무엇이었을까?

"저는 길게 내다봐요. 10년 후 나는 이 사업을 어떻게 되돌아볼까? 이렇게 상상하면 일이 잘 풀려요."

이렇게 멀리 내다볼수록 성공 확률이 높아진다. 왜냐하면, 멀리 내다보는 사람은 자신의 내면도 커지기 때문이다. 그러면 어떻게 내면이 커진다는 말인가? 멀리 내다보면 순간적인 충동이나 유혹을 이겨낼 힘이 생긴다는 말이다. 넓고 멀리 내다볼수록 중간에 포기하고 싶은 나약함이나 순간적인 유혹을 물리치는 힘이 훨씬 크다.

"오랫동안 꿈을 그리는 사람은 마침내 그 꿈을 닮아간다."

앙드레 말로(Andre Malraux)의 말이다. 시간상으로 시야를 넓혀서 인생을 바라보면, 당장 어떤 일을 이루어내지 못했다고 해서 마음 조급해할 필요가 없다. 인생을 멀리 내다보면 그것은 아무것도 아닌 게 된다. 인생 한 달 후보다 1년 후를, 인생 1년 후보다 5년 후를 그리는 것이 꿈을 닮아갈 확률이 높아진다. 결국, 인생을 멀리 내다볼수록 그 꿈을 닮아갈 확률이 훨씬 더 높아진다는 것이다. 그러므로 어떤 일을 한두 번 시도해보고 안 된다고 하여 포기하는 일이 없기를 바란다. 1주일, 2주일 시도해보고 안 된다고 하여 손 놓는 일이 없기를 바란다. 인생을 멀리 내다보면 그것은 겨우 몇 발자국을 뗀 격이나 다름없기 때문이다. 이 세상 떠날 때, 자신의 모습이 어떠할까 그린다면, 정답이 나올 것이다. 조급해하지 말고 인생의 큰 그림을 그리며 살았으면 한다.

앞으로 나의 꿈은 책 쓰기 코칭이다. 교실에 20여 명 앉혀 놓고 책 쓰기 코칭을 하고 싶다. 이렇게 나의 꿈이 점점 커지고 있다. 그동안 학교에서 수업한 것처럼 말이다. 나에게 배워서 1권만 써보면, 2권째부터는 스스로 쓸 수 있도록 능력을 길러주고 싶다. 책 쓰기 기획부터 출판사에 투고까지 제대로 가르치고 싶다. 유대인 5천 년의 지혜를 모아 놓은 《탈무드》에 이런 격언이 있다.

"고기를 잡아주지 말고, 고기 잡는 법을 가르쳐라."

이 말은 능력을 길러주라는 말이다. 교사라면 누구나 이 교육철학으로 가르쳐야 할 것이다.

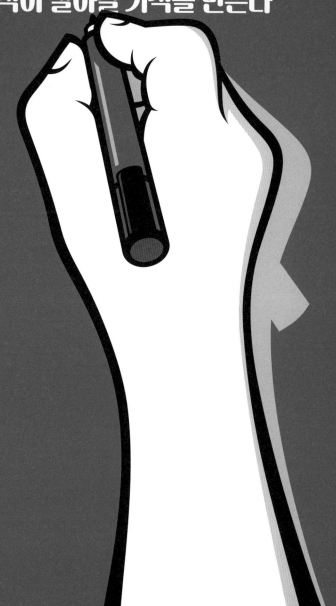

2장

살아온 기적이 살아갈 기적을 만든다

01 100세 시대, 어떻게 살 것인가?

....

인생에 뜻을 세우는 데 있어 늦을 때라곤 없다.

— 볼드윈(Baldwin)

'어떻게 살 것인가?' 이 말은 '어떻게 살다가 죽음을 맞이할 것인가?'라는 뜻이기도 하다. 하루의 삶은 하루만큼 죽음에 다가가기 때문이다. 그래서 새벽이 되면, 오늘 하루가 나를 설레게도 하지만, 하루만큼 죽음에 가까워졌다는 생각을 떨쳐버릴 수가 없다.

중년과 장년층에서 자주 사용하는 건배사가 있다고 한다. 바로 '9988 123'이다. 이 말의 뜻은 '99세까지 팔팔하게 살다가, 하루 이틀 앓고, 3일 만에 죽는다.'라는 것이다. 이렇게 건강하게 살다가 죽는다면 얼마나 좋겠는가! 최근에 건배사가 또 바뀌었다고 한다. '9988 121'이라고 한다. 이 말은 '99세까지 팔팔하게 살다가 하루 이틀 앓고, 다시 하루 만에 건강이 회복된다는 뜻이다. 즉 100세 시대를 모두 말하고 있다.

오래 살고 싶은 욕망은 누구에게나 있다. 건배사에도 있듯이 인류의 오랜 염원이다. 특히 권력자의 경우는 더욱 그 욕망이 클 수밖에 없다. 대표적인 예로 기원전 3세기의 중국 진시황의 삶이 잘 말해주고 있다. 그는 끊임없이 영생을 탐하다가 장수에 도움이 된다고 믿었던 수은에 중독되어 객사하는 신세가 되었다.

그동안은 80세 인생을 전제로 하는 사회 시스템이었다. 즉 20여 년간 교육받고, 30~40년간 경제활동을 하며, 60세 즈음에 은퇴하여 20여 년간 여가생활을 즐기며 노후를 보내는 것이었다. 그런데, 2,000년대에 들어서면서 100세 시대에 관한 미디어 기사들이 줄지어 나오더니, 지금은 일상적인 화두가 되었다. 은퇴 후의 기간이 20여 년이 더 늘어난 40여 년이라는 말이다. 이 긴 기간에 무엇을 하면서 어떻게 지낼 것인가? 이 말은 '100세 시대, 어떻게 살 것인가?'에 대한 현실적인 고민이기도 하다. 은퇴는 인생의 마무리가 아닌 또 다른 시작점이다.

은퇴 후, 마무리를 잘해야 보람된 인생을 살았다고 할 것이다. 은퇴 후에 어떤 일을 하면 좋을까? 백종원 씨가 '골목 식당' 프로그램에서 이런 말을 했다.

"우리나라 사람들이 퇴직 후에 가장 많이 하는 창업이 식당이나 치킨집입니다. 그런데, 폐업 또한 가장 많이 하는 것도 식당이나 치킨집입니다. 식당을 창업하려면 6개월에서 2년 동안은 시장을 돌아보면서 시장 분석을 철저히 해야 합니다. 그리고 시장 분석을 철저히 한다고 하더라도 시행착오가 생기면서 창업이 폐업으로 이어질 수도 있습니다."

100세 시대는 어떻게 사는가가 중요하다. 누군가를 향한 그리움과 애틋함으로 베푸는 삶을 살 것인가! 아니면 누군가를 향한 미움과 질투 그리고 원한으로 가득 채운 하루하루를 보낼 것인가! 가진 돈이 많은데도 더 많은 돈을 벌기 위해 발버둥을 치면서 오늘 누릴 행복을 내일로 미룰 것인가! 이미 높은 곳에 올라가 있으면서도 더 높은 곳을 향하여, 얼마 남지 않은 삶의 귀한 시간을 오늘도 탕진할 것인가!

"절대 어제를 후회하지 마라. 인생은 오늘의 나 안에 있고 내일은 스스로 만드는 것이다."

L. 론허바드(L. Ron Hubbard)의 말이다. 인생은 자신이 만들어가는 것이다. 어떤 사람들은 블로그에 매일 글을 올리면서 광고료를 100만 원 이상 벌고 있다고 한다. 어떤 사람은 유튜버로 1억 이상을 벌고 있다고 한다. 이렇게 말한다고 해서 블로그에 글을 올리거나 유튜버로 활동하라는 얘기가 아니다. 자신이 좋아서 해야 하며, 가슴 뛰는 일이어야 한다. 은퇴 후에는 즐겁게 살아야 하지 않겠는가! 악기 연주가 가슴을 뛰게 한다면 악기를 배워야 할 것이다. 노래하는 것이 가슴 뛰게 만든다면 노래를 해야 할 것이다. 배구 또는 탁구가 가슴을 뛰게 만든다면 배구나 탁구를 해야 할 것이다. 그리고 책 쓰기가 가슴을 뛰게 한다면 책을 써야 할 것이다.

필자는 요즈음 영어 공부를 좀 하고 있다. 그런데 저녁에 공부하고, 자고 일어나면 잊어버린다. 나 자신이 야속할 정도이다. 그런데 나만 그런 것이 아니라는 것을 정민의 저서 《미쳐야 미친다》에서 다음 글을 통해 확실히 알았다.

인조 때, 학자 조위한이 홍문관에서 숙직할 때 일이다. 한 친구가 책을 읽다가 갑자기 책을 던지며 말했다.

"책을 덮기만 하면 방금 읽은 것도 머릿속에서 달아나 버리니, 책을 읽어 무슨 소용이람."

이를 듣고 조위한이 말했다.

"그것은 사람이 밥을 먹어도 항상 뱃속에 남아있는 것이 아니라, 삭아서 배설물이 되어 빠져나가고, 그 정기만 남아서 신체를 윤택하게 하는 이치와 마찬가지라네. 책을 읽고 당장은 그 내용을 잊어버린다 해도 무엇인가 남아 저절로 지식이 쌓이는 법이라네. 그러니 잘 기억되지 않는다고 해서 스스로 책 읽기를 포기해서야 되겠는가?"

조위한의 말을 듣고 그 친구는 크게 깨달아 학문에 열심히 정진했다고 한다. 노력의 결과가 빨리 나타나지 않아 실망한 적이 있는가? 공부를 아무리 열심히 해도 성적이 오르지 않아 절망해 본 적이 있는가? 쉽게 잊어버려서 자신에게 실망한 적이 있는가? 이것은 많은 사람의 고민일 것이다. 누구나 기억해낼 수 있는 한계를 지니고 있기 때문이다. 다만 누가 꾸준히 반복하여 그 한계를 극복하느냐가 중요하다. 이것이 성공의 열쇠이다.

당신은 은퇴 후 무엇을 하며 여생을 즐겁게 보내려고 하는가!

사람이 살아가는 가장 큰 목적은 행복이다. 행복하기 위해서 공부하고 일하며 운동하는 것이다. 그러면 행복의 조건은 무엇일까? 많은 사람이 건강과 성공한 삶을 꼽는다. 성공했더라도 건강하지 못하면 행복하다고 볼 수 없기 때문이다. 또한, 건강하기만 하고 성공하지 못했다면 행복하다고 할 수 없기 때문이다.

그러면 '성공'이란 무엇인가? 국어사전을 보면 '목적하는 바를 이룸'이다. 그 목적하는 바가 무엇인지는 사람마다 다르다. 어떤 사람은 학문일 수 있고, 어떤 사람은 올림픽 금메달일 수 있다. 어떤 사람은 권력일 수 있고, 어떤 사람은 돈일 수 있다. 목적하는 바가 무엇이든 간에 성공하려면 꾸준히 반복하여 그 한계를 극복하는 것이 성공의 조건이다. 그러면 성공하기 위해 꾸준히 반복할 것인가, 아니면 반복하지 않을 것인가는 각자의 선택이다. 반복을 선택했다면 성공할 가능성이 높고, 반복을 선택하지 않았다면 성공과는 거리가 멀어질 것이다. 결국은 성공도 선택이라고 볼 수 있다. 성공이 선택이면 행복도 선택이다.

성공의 조건을 또 하나 든다면, 자신의 생각을 표현하고, 상대방에게 효과적으로 전달하며, 감동을 주는 책 쓰기 능력이 이 시대에 중요한 성공 조건이라고 볼 수 있다. 사람은 책 쓰기를 통해 어제 살았던 인생보다 오늘 나은 인생을 살아갈 수 있기 때문이다.

나는 책을 읽고 책 쓰기를 선택했다. 책 쓰기를 날마다 선택하여 조금씩 쓰다 보니, A4 120매 정도를 쓰게 되었고, 출간도 하게 되었다. 내가 책 쓰기에 성공한 것이다. 책을 써보니, 책 출간만으로 그치지 않았다. 내가 바라던 '작가'라는 호칭이 뒤따라왔고, '작가와의 만남'에도 초청되었다.

이제는 100세 시대, 하고 싶은 것들이 많이 있겠지만, 나는 작가로서 책 쓰기를 추천한다. 당신이 어떤 분야에서 성공을 꿈꾸든지, 성공하려고 하는 그 분야에 관한 책 쓰기를 한다면 성공의 문턱을 쉽게 넘을 것이다. 아니 이미 성공했다면 성공담을 책으로 쓰기를 바란다. 당신의 성공이 책 속에서 보석이 되어 빛날 것이다.

"누구나 마음속에 생각의 보석을 지니고 있다. 다만 캐내지 않아 잠들어 있을 뿐이다."

고(故) 이어령 씨의 말이다. 당신 마음속에 잠자고 있는 생각의 보석을 캐내어 보여주기를 바란다. 캐낸 생각의 보석이 누군가에게 전달되어 반짝거릴 것이다.

02 노트북 앞에 앉는 것부터 시작하라

마음의 준비만 되어있다면, 모든 준비는 다 되어있는 셈이다.

— 셰익스피어(William Shakespeare)

'시작이 반이다.'라는 말이 있다. 한자성어로는 '작시성반(作始成半)'이다. 이 말의 뜻은 '일은 처음에 시작하기가 어렵지, 일단 시작하면 끝마치는 것은 그리 어렵지 않다.'라는 말이다.

필자의 저서 두 권을 모두 읽은 독자와 통화를 하게 되었다.

"선생님! 저도 책 쓰려고 노트북을 꺼냈어요. 그동안 노트북을 사용하지 않았기 때문에 우선 먼지부터 닦았습니다."

"잘하셨어요. 시작이 반입니다. 노트북을 닦으셨다면, 이제 노트북 앞에 앉으세요. 글감이 많으시니, 쉽게 쓰실 겁니다."

"제가 잘 쓸 수 있을까요? 노트북을 꺼내 먼지를 닦기는 했는데, 현재 벌인 일들이 많아서 쓸 수 있을지 모르겠어요."

"노트북 앞에 앉는 것부터 시작하셔요. 노트북 앞에 앉으면 쓰게 되어있습니다. 모니터 화면을 보고 있노라면 글감이 하나, 둘…… 고개를 들 겁니다. 저의 두 번째 책에서 '초고 집필 성공을 위한 8가지 노하우'를 읽으셨다면, 충분히 쓰십니다."

"네! 저도 책을 꼭 쓰고 싶습니다. 아니, 책을 꼭 써야겠습니다."

"네! 제가 응원하겠습니다."

오클리 홀(Oakley Hall)은 다음과 같이 말했다.

"작가라면 그 누구도 빈 공책이나 모니터 화면을 바라보아야 한다."

그렇다. 작가가 되기 위해서는 공책을 늘 끼고 다니든지, 노트북 앞에 앉아 자판기를 계속 두드려야 한다. 입으로 아무리 명언을 쏟아 놓는다고 해도 책이 될 수는 없다. 번뜩이는 글감이 떠오르면 곧바로 기록해두는 습관을 들여야 한다. 이것이 작가의 자세이다. '머릿속으로 기억해 두었다가 써야지.' 누구나 이런 생각을 하지만, 하루가 지나면, 그 번득이며 떠오르던 문장을 기억해내지 못할 때가 있다. 또 다른 독자로부터 다음과 같은 질문을 받았다.

"노트북 앞에 앉긴 했는데, 어떻게 써야 할지 모르겠어요."

"그럼 책을 읽으세요. 책을 읽어보면 저자가 글감을 통해 무엇을 말하고자 했는지, 글감을 어떻게 풀어내는지 이해할 수 있습니다. 그런데 책을 읽어도 책 쓰기에 대해 이해가 잘 안 가고 엄두를 내지 못한다면 기존작가의 도움을 받으면 됩니다."

"네! 알겠습니다. 우선 책 몇 권 더 읽어야겠습니다."

누구나 책을 쓸 수 있다. 작가만 책을 쓰는 것이 아니라, 책을 쓰면 작가가 되는 것이다. 그리고 전문가만 책을 쓰는 것이 아니라, 책을 쓰면 전문가가 되는 것이다. 누구나 작가의 자질을 지니고 있기 때문이다. 자신 안에 잠들고 있는 작가의 자질을 지금 꺼냈으면 한다.

필자가 새벽만 되면 컴퓨터 앞에 앉아 세 번째 책을 쓰던 중, 아버지가 갑자기 돌아가셨다. '노인들은 언제 돌아가실지 모른다.'라는 말을 내가 알고 있었지만, 이렇게 쉽게 돌아가실 줄은 몰랐다. '건강한 노인일수록 갑자기 돌아가실 확률이 높다.'라는 말도 익히 알고 있었지만, 저녁에 뵙고, 다음 날 아침에 돌아가실 줄은 몰랐다.

평소에 나는 아버지를 뵐 때마다 안아드리면서 "아버지 사랑해요."라고 자주 말씀드리곤 했다. "아버지는 평생 일만 하셨으니, 이젠 일 걱정하시지 말고 놀기만 하셔요."라고 말씀드렸었다. 이렇게 말씀드리면 아버지는 일 부담에서 벗어난 듯이 "네 말에 속이 시원하다."라고 대답하셨다. 최선을 다해 잘 해드리려고 했지만, 아버지가 돌아가시고 보니, 부족한 것들이 많았다. 아버지가 좋아하시던 국수를 더 사드렸어야 했는데 그렇게 하지 못했다. 아버지가 내 차를 타기만 하시면 기분이 좋아진다고 하셨는데, 자주 태워드리지 못했다. 지금, 아버지가 그렇게 그리울 수가 없다. 집에 들어설 때마다 현관에

맨발로 뛰어나오시던 아버지 모습에 가슴이 먹먹해진다.

아버지가 갑자기 가시고 나니, 어머니는 또 어떻겠는가! 85세인 어머니는 혼자가 되었다는 생각에 몸부림치셨다. 어머니는 한동안 넋을 잃은 듯 울부짖으셨다. 우리 5남매는 홀로 되신 어머니를 보살펴드려야 하는 인생 최대의 숙제를 하기 위해 당번을 정했다. 저녁마다 어머니와 같이 자고, 아침에 어머니를 노인 주간 보호센터에 보내드리고 출근한다. 집도 리모델링하고, 붙박이장을 새로 했다. 에어컨과 제습기도 놓았다.

아버지를 보내드릴 준비를 평소에 했는데도 불구하고, 나 또한 날마다 몸부림쳤다. 이렇게 지내다 보니, 한 달 사이에 3kg의 체중이 줄어 체격이 더욱 왜소해졌다. 그리고, 책 쓰는 것이 자연스레 중단되었다. 중단된 지 2개월 보름이나 지날 즈음, 컴퓨터 앞에 다시 앉게 되었다. 컴퓨터 앞에 앉으니, 이렇게 쓰고 있다. 우리 딸과 아들이 생일 선물로 사 준 새 노트북으로 책을 쓰니, 자판기가 미끄러지듯이 부드러워 세 번째 책도 이제 쉽게 완성될 것 같다.

원고지에 글을 쓴다면 시간이 오래 걸리고, 얼마나 번거로울까!

지금부터 약 30년 전에는 원고지에 펜을 꾹꾹 눌러 글을 썼다. 글을 쓰다가 문맥이 어색하거나 단어를 잘못 쓰면 원고지를 구겨 쓰레기통에 던지곤 했다. 잘못 쓴 원고지를 버리고 또 버리게 되니, 쓰레기통은 어느새 버린 원고지 뭉치가 수북하게 쌓일 수밖에 없다.

한국의 근대화라는 격변기를 시간적 배경으로 하여 전형적인 인물 창조에 성공한 작가가 있다. 바로 소설가 고 박경리 씨이다. 1969년에 6월부터 〈현대문학〉에 제1부를 시작하여 연재를 시작한 《토지》는 부마다 연재 지면이 바뀌는 어려움을 겪으면서도 1994년 8월 15일에 총 5부와 완결판까지 모두 16권으로 완성되었다. 이 대하소설 《토지》를 26년 동안 써낸 것이다. 이렇게 오랜 시간에 걸쳐 써낸 토지는 원고지로는 3만 1,200장 분량으로, 한국 현대문학 100년의 역사상 가장 훌륭한 소설로 손꼽히고 있다. 시간상으로는 동학농민운동과 갑오개혁, 1895년 을미사변, 그리고 광복을 맞았던 1945년 8월 15일까지의 한국 근대사를 시간적 배경으로 하고 있다. 공간적으로는 경상남도 하동 평사리라는 전형적인 한국 농촌을 비롯하여 한반도 전역과 일본, 만주, 러시아 등 동아시아 전역에 걸쳐 국내외적으로 광활한 배경을 무대로 삼았다.

이 작품을 통하여 우리는 삶의 여러 문제에 대처하는 방식과 인간의 근원적인 생명력과 기질을 이해할 수 있는데, 이 대하소설을 오로지 손으로 써냈다는 것이다. 생각만 해도 인간 승리라고 아니할 수 없다. 그렇다면 쓰레기통으로 들어간 원고 뭉치는 얼마나 될까?

고 박경리 씨처럼 원고지에 글을 쓰라고 한다면 나는 엄두를 내지 못했을 것이다. 컴퓨터로 쓰니, 원고지에 쓰는 것보다 몇십 배 훨씬 쉽고, 잘못 쓰면 지우기도 편리하니, 얼마나 복 받은 세대인가!

그런데 최근에는 핸드폰으로도 책을 쓰는 시대가 되었다. 컴맹이어도 카톡이나 밴드는 거의 다 할 줄 알기 때문에, 스마트폰만 있으면 책을 쓸 수 있게 된 것이다. 여기에 AI 스마트폰 기술이 발달하면서 눈이 침침한 시니어들에게도 스마트폰으로 책을 쓸 수 있게 되었다. 문자를 찍지 않고 음성으로 타이핑을 해서 글을 쓰게 된 것이다. 말로 해서 문장이 입력되니, 훨씬 더 빠르고 쉽게 글을 쓸 수 있게 된 것이다. 놀런 부시넬(Nolan Bushnell)이 이런 말을 남겼다.

"가장 중요한 것은 당장 자리에서 일어나서 무언가를 하는 것이다."

지금 자리에서 일어나 노트북 앞에 앉길 바란다. 자신의 경험, 철학, 삶의 노하우를 자신만의 색깔로 써서 독자들에게 들려주길 바란다. 독자들에게 삶의 자극을 줄 것이다. 당신에게 고마워할 것이다.

03 직장인, 3개월만 새벽에 책을 써라

변명 중에 가장 어리석고 못난 변명은 시간이 없어서라는 변명이다.

— 에디슨(Thomas Alva Edison)

직장에 다닌다고 해서 책 쓸 시간이 전혀 없을까? 아니다. 책 쓸 시간을 만들면 된다. 바로 출근하기 전 새벽에 책을 쓰는 것이다. 직장인들, 3개월만 매일 새벽에 책을 쓴다면 책 한 권 충분히 쓸 수 있다.

자신의 인생에서 언제 책을 쓰는 것이 가장 좋을까에 대해 질문하는 사람이 있다.

어떤 사람은 자신의 사업을 성공시킨 다음에 책을 써야겠다고 한다. 어떤 사람은 지금은 직장 일로 바쁘니, 은퇴한 다음에 책을 쓰겠다고 한다. 어떤 사람은 자신의 직장에서 인정을 받은 후, 안정적인 상황에서 책을 쓰겠다고 한다. 어떤 사람은 책을 100권 읽고 쓰겠다고 한다. 이렇게 책 쓸 시기에 대해 의견이 분분하다. 그런데 분명한 것은 모두가 자신의 주관적인 척도에서 말한다는 것이다. 그 어디에도 성공이나 안정의 척도가 존재하지 않으며, 바뻔 척도도 존재하지 않는다. 직장에서 인정을 받는 것 또한 어느 정도가 인정을 받는다는 것인지도 알 수 없다.

그렇다면 책을 써야 하는 시기는 언제일까? 바로 '지금'이다. 이 책을 읽고 있는 바로 지금이라는 말이다. 당신에게 책을 쓸 시기가 정해져 있는 것이 아니기 때문이다. 당신이 이 책을 읽고 책을 쓰고 싶다는 생각이 드는 바로 지금이 책을 써야 하는 시기인 것이다. 중요한 것은 성공하고 나서 책을 쓰기도 하지만, 책을 써야 성공을 앞당길 수 있다는 것이다. 은퇴하고 나서 책을 쓰기도 하지만, 직장인으로 일하고 있는 지금, 책을 써야 은퇴하자마자 인생 제2막을 멋지게 살아갈 수 있다는 말이다.

자신이 평범한 직장인이라고 생각한다면, 더 미루지 말고 오늘부터 책 쓰기를 바란다. 매일 새벽에 일어나 출근하기 전, 2시간씩 자신의 멋진 미래를 상상하며 시간을 투자하라. 그러면 비범하게 변신한 당신 자신을 발견하게 될 것이다. 이 말에 조금이라도 의심이 생긴다면, 책 쓰기를 통해 자신의 이름을 브랜딩한 구본형 씨가 한 말을 생각하기 바란다. 당신의 고정관념을 완전히 바꾸어 줄 것이다.

"알기 때문에 쓰는 것이 아니라, 쓰기 때문에 참으로 알게 된다. 책을 쓴다는 것은 가장 잘 배우는 과정 중의 하나다."

필자가 책을 써보니, 책 한 권 쓰는데 2개월도 가능하다는 생각이다. 2021

년도에 공동저서 《보물지도 21》의 5꼭지를 쓰는데, 1주일 만에 써냈다. 이 속도대로 책을 쓴다면 2개월이면 가능하다는 말이다. 다만 목차가 정해진 것을 전제로 말이다. 그 후, 개인 저서의 초고 완성을 3개월 만에 써냈다. 그리고 두 번째 저서도 3개월 만에 마쳤다. 이렇게 책을 써보니, 내가 직장인으로서 직장인들도 3개월 만에 저서를 가질 수 있다고 자신 있게 말하는 것이다. 3개월이면 12주이고, 책 한 권의 꼭지 제목을 38꼭지로 했을 때, 1주에 3꼭지 쓰면 되는 것이다. 즉 이틀에 한 꼭지씩 쓰면 된다. A4용지에 10포인트로 하여 한 꼭지에 2.5매씩 쓰면 된다.

　필자의 첫 번째 개인 저서가 38꼭지이다. 1장과 5장은 7꼭지씩이고, 나머지는 8꼭지씩이다. 6월 1일에 책을 쓰기 시작하여 8월 31일에 초고를 완성하여, 여러 출판사에 투고했다. 두 번째 저서도 38꼭지이다. 첫 번째 저서와 마찬가지로 1장과 5장은 7꼭지씩이고, 나머지는 8꼭지씩이다. 1월 1일에 책을 쓰기 시작하여 3월 30일에 완성하여, 3월 31일에 이메일로 여러 출판사에 투고했다.

　"시도해보지 않고는 누구도 자신이 얼마만큼 해낼 수 있는지 알지 못한다."

　푸블릴리우스 시루스(Publilius Syrus)의 말이다. 그렇다. 시도해보지 않고는 자신이 얼마만큼의 잠재력을 가졌는지 알지 못한다. 시도해보지 않고 어떻게 자신은 책을 쓰지 못한다고 단정할 수 있겠는가? 잠재력을 끌어내는 최고의 방법은 시도해보는 것이다.

첫 개인 저서를 출간한 후, 나는 만나는 사람마다 책을 쓰라고 권했다. 책 쓰기 전도사가 된 것이다. 책 출간 관련하여 기자가 나에게 인터뷰를 청했을 때도, 그 자리에서 기자에게 책을 쓰라고 권할 정도였다. 후에 신문에 실린 기사를 읽고, 내가 기자에게도 책을 쓰라고 권했다는 것을 알게 되었다.

학생들에게 해마다 장래 진로 희망을 조사하곤 한다. 어떤 학생은 검사가 되겠다고 한다. 어떤 학생은 중등 음악 교사가 되겠다고 한다. 어떤 학생은 건축가, 요리사, 의사, 간호사 등 진로 희망이 다양하게 쏟아져 나왔다. 장래가 촉망한 이 학생들에게 나는 책 쓰기의 힘에 대해 꼭 부연 설명한다. 나중에 직장생활에서 자신의 직업에 만족하지 말고, 자신의 직업에 관한 전문적인 지식과 경험 그리고 깨달음을 꼭 책으로 펴내라고 강조한다. 저서를 가진 사람과 그렇지 않은 사람의 차이는 엄청나다고 설명한다. 그러면 한 학급 30여 명 중 5명 정도의 학생들이 고개를 끄덕이며, 책을 꼭 써보겠다고 한다. 어떤 학생은 달려와 "선생님처럼 저도 작가가 될 거예요."라고 했다.

인생에는 타이밍이 분명히 존재한다. 그러면 당신의 책 쓰기 타이밍은 언제일까? 바로 지금이다. 결코, 더 미루어서는 안 되는 시점이 바로 이 책을 읽는 지금이다.

지금 이 글을 읽는 독자도 직장 일로 바쁜데, 어떻게 책을 쓰느냐고 말하고 싶을 것이다. 그런데 사람은 바쁜 중에 큰일을 비롯한 많은 일을 해내곤 한다. 한가하게 지내는 사람은 늘 한가한 삶을 좇기 때문에, 큰일은 말할 것도 없고 작은 일조차 제대로 해내지 못한다. 그러나 늘 바쁘게 지내는 사람이 많은 일을 해냄은 물론, 큰일도 거뜬히 해낸다는 사실을 꼭 기억하기를 바란다.

나는 직장인으로서 은퇴하기 전, 책을 꼭 써야겠다고 결심했다. 직장에서야 교사의 역할을 했지만, 은퇴 후에는 내 인생에서 내가 주인공이 아닌 주변 인물로 늘 바쁘게 살아갈 것이 불 보듯 뻔했다. 그래서 책 쓰기를 결심했고, 책을 써냈다. 은퇴할 즈음 책을 쓰면서 내 인생을 돌아보게 되었고, 주인공으로 살아갈 인생 제2막을 설계하게 되었다. 이제 은퇴 후, 책 쓰기 코칭에 크게 도전할 계획이다. 국어 교사로서의 경력을 책 쓰기 코칭에 활용하여, 책 쓰기 코치로서 우뚝 서고 싶다.

"미래는 현재 당신이 하는 행동에 따라 결정된다."

나폴레온 힐(Napoleon Hill)의 말이다. 은퇴 후 책 쓰기 코칭을 하기 위해 개인 저서 세 권을 출간하는 것이 목표였는데, 지금 이렇게 세 권째 쓰고 있다. 책을 써봐야 어떻게 책을 쓰는지 알게 되고 가르칠 수 있기 때문이다.

"가르치는 것은 두 번 배우는 것이다(To teach is to learn twice)."

라고 말한 조세프 주베르(Joseph Joubert)의 말처럼, 책 쓰기 코칭을 하게 되면 책 쓰기에 대해 꾸준히 공부하게 될 테니, 앞으로 나의 책 쓰기 코칭이 기대된다.

당신은 비범한 사람인데, 당신 스스로 평범한 사람으로 한정 짓고 있지는 않은가! 책 쓰기를 통해 비범한 당신을 발견하기를 바란다. 공동저서까지 포함하면 네 권째 저서를 쓰고 있는 작가로서, 책 쓰기의 매력과 가치를 그 누구보다 잘 알기 때문이다. 바쁜 직장인이라고 해서 책 쓰기를 미루지 말고 지금 노트북 앞에 앉기를 바란다. 책 쓰기 시작하는 순간, 비범한 당신을 발견하게 될 것이다. 이미 작가였음을 발견하게 될 것이다.

04 명작은 격한 고난의 때에 탄생한다

....

"삶이란 고독하고, 가난하고 더럽고, 잔인하며, 짧은 것이다."

– 토마스 홉스(Thomas Hobbes)

살다 보면 피할 수 없는 고난을 겪을 때가 있다. 이 고난은 삶을 피폐하게 만들기도 하고, 초라하게 만들기도 한다. 그래서 보통 사람들은 이 고난을 피해가려고 안간힘을 쓴다. 그러나, 위대한 인물은 고난과 정면으로 맞서 싸운다. 그리고 마침내 극복해 낸다. 왜냐하면, 고난은 고난으로 끝나지 않기 때문이다. 그 사람을 더욱 성장시켜 주고, 단단하게 만들어 주기 때문이다. 고난이 닥쳤을 때, 축복의 통로인 고난을 극복하기만 하면, 한층 성장하고 발전한 자신을 발견하게 되기 때문이다. 그리고 고난을 극복한 상으로 축복도 함께 받게 될 것이기 때문이다.

그러면 어떻게 고난을 극복해 낼까? 어떻게 그 생활 환경을 지배하여 고난을 극복해 낼까? 어떻게 자신의 운명을 지배하여 고난을 극복해 낼 수 있을까? 인간은 자신의 잠재의식을 발동시켜 변화시키는 힘을 가지고 있으므로,

그 어떤 고난도 정면으로 맞서 싸우기만 하면, 극복해 낼 수 있다는 것이다.

이 땅에서 고난을 극복하고, 세계사에 영원히 이름을 남긴 사람들이 얼마나 될까? 한 명 한 명, 이 지면에 모두 거론하기는 어렵고, 그중에 몇 명을 살펴보려고 한다. 나폴레옹(Napoléon I)은 난쟁이라 할 만큼 키가 작았지만, 유럽 대부분을 지배했다. 영국의 대표적인 낭만파 시인 바이런(G. G. Byron)은 한쪽 발이 기형으로, 신체적인 콤플렉스의 아픔을 시 쓰기로 극복해 냈다. 그는 12세 때부터 시를 쓰기 시작하여 24년 동안 많은 시를 남기고, 36세에 세상을 떠났다. 미국 역사상 유일무이한 4선 대통령이었던, 미국의 제32대 루스벨트(F. D. Roosevelt) 대통령은 소아마비 환자였다. 30년간 가수와 배우로 활동했던 제인 프로맨(Jane Froman)은 비행기 사고로 중상을 입었지만, 목발을 짚고 7개국의 미군 부대를 돌아다니며 부상당한 군인들에게 용기를 주는 스타가 되었다.

다음은 격한 고난 속에서 책을 펴내 이름을 남긴 사람들이다. 박성배 박사의 저서《내 인생을 다시 쓰는 책 쓰기》에서도 언급하고 있다.

사마천은 궁형이라는 치욕적인 형벌을 감내하면서까지 입신양명으로 대효를 이루고, 인간과 하늘의 관계를 규명하기 위해 역사책《사기》를 썼다. 공자는 진과 제나라 사이에서 곤경을 겪고, 노나라 사관이 저작한 역사서에 자신의 글을 적어서 다시 편찬한 노나라 역사서《춘추》를 펴냈다. 손자는 중국 춘추시대 전략가로 두 다리가 잘리고《손자병법》을 써냈다.

스페인이 낳은 가장 위대한 소설가, 극작가, 시인이라 불리는 미겔 데 세르반테스(Miguel de Cervantes)는 곰팡내 나는 감옥에서 세계 최초의 근대소설로 평가되는 장편소설 《돈키호테》를 썼다. 스티븐슨(R. L. Stevenson)은 아들에게 모험 이야기를 들려주기 위해 폐병을 앓으면서 《보물섬》을 썼다. 영국 최고의 시인 존 밀턴(John Milton)은 시각장애인으로 《실락원》이라는 장편 서사시를 남겼다. 영국 작가 존 번연(John Bunyan)은 종교재판을 받고 감옥에 갇혀 있을 때 《천로역정》이라는 세계적인 작품을 썼다. 미국 작가 오 헨리(O. Henry)도 미국 오하이오주에 있는 감옥에서 《마지막 잎새》라는 유명한 작품을 남기면서, 자신에게 잠재된 천재적인 재능이 있다는 것을 깨달았다. 찰스 디킨스(Charles Dickens)는 상표를 붙이는 평범한 기능공이었으나, 쓰라린 실연으로 세계적인 작가가 되었다.

그리고 헬렌 켈러(Helen Keller)를 빼놓을 수 없다. 그녀는 시각, 청각 그리고 언어장애까지 삼중고를 겪으면서, 자서전 《사흘만 볼 수 있다면 그리고 헬렌 켈러 이야기》에서 자신의 눈이 뜨여 3일간 세상을 볼 수 있게 되는 상황을 가정하며 그려냈다. 그리고 그 외에도 여러 작품을 써냈다. 《해리포터》 시리즈의 저자 조앤 K. 롤링(Joan K. Rowling)도 어떻게 세계적으로 유명한 작가가 되었을까? 그녀는 28세에 이혼녀가 되어 정부 보조금에 의지하여 딸아이와 둘이 살게 되었을 때, 딸에게 이야기해주고 자신을 위로하기 위해 소설을 쓰기 시작한 것이 바로 해리포터 시리즈이다. 이 작품은 지금까지 67개 언어로 번역되어 판매되고 있어, 성경 다음으로 많이 판매된 책으로 유명하다.

다음은 《토지》를 쓴 소설가 고 박경리 씨이다. 그녀는 전쟁에서 남편을 잃고, 몇 년 지나지 않아 아이를 또 잃었다. 단장(斷腸)의 고통을 겪은 그녀는 글을 쓸 수밖에 없었다. 한평생 슬프고 크게 아팠던 박경리 씨는 그 고통 앞에 굴복하지 않고 글을 써 내려갔다.

베토벤(Beethoven)은 청력을 잃은 이후부터 명곡들을 남겼다. 헨델(Haendel)은 가난과 병고에 시달리면서 불멸의 명곡 '메시아'를 작곡하였다. 모차르트(Mozart)는 폐병 환자였다.

이렇게 고난을 극복하면서 명작을 남겨 위대한 인물들이 되었다. 견디기 어려운 고난을 겪지 않고는 위대한 작품을 남길 수 없음이 분명하다. 고난의 때에 고난을 정면으로 받아들이며 극복하려고 노력할 때, 그 사람에게 잠재되어 있던 평소의 재능을 깨우게 되어, 위대한 인물이 탄생하는 것이다. 상처 없는 인생을 살았다면 명작을 남겼을까!

"고통을 겪어야 강하게 된다는 사실이 얼마나 숭고한 일인가를 알라."

데카르트(R. Descartes)의 말이다. 필자 또한 이 말에 전적으로 공감한다. 고통을 겪어야 사람은 강하게 되기 때문이다. 그리고 그 고통을 극복하기만 하면 위대한 인물로 우뚝 서게 될 것이기 때문이다.

주변을 살펴보면, 소설 같은 인생을 사는 사람들이 많다. 그 사람들의 이야기를 들어보면 한 권의 소설이요, 한 편의 드라마이다. 어떤 사람은 시리즈로 만들 수 있는 인생이다. 남들이 살아가는 이야기를 들을 기회가 없어 그저 모르고 지낼 뿐이지, 이야기를 듣게 되면, 한결같이 소설이요, 드라마이다. 필자를 포함하여 우리는 모두 소설 같은 인생을 지금 살아가고 있다. 그 삶의 이야기를 그대로 책으로 엮기만 하면, 명작이 되지 않을까! 마르탱 파주(Martin Page)의 《완벽한 하루》 중에 이런 글귀가 있다.

"행복해지고 싶다면 다음과 같은 사실을 두려워하지 말고 정면으로 받아들여야 한다. 우리는 항상 불행하고, 우리의 슬픔과 괴로움 그리고 두려움에는 늘 그만한 이유가 있다는 그 사실을 말이다. 이런 감정들을 따로 떼어 놓고 볼 수는 없는 법이다."

그렇다. 불행이나 슬픔, 괴로움이나 두려움이 있다면, 그럴만한 이유가 반드시 있다. 자신의 실수이든 타인으로 인해 겪는 고난이든 그만한 이유가 있게 마련이다. 그런데 가만히 그 이유를 살펴보면, 자신과 연결되어 있다는 사실도 발견하게 될 것이다. 자신과 연결되지 않고는 고난을 겪을 리가 없기 때문이다. 그러므로 고난을 겪을 때, 그 고난을 정면으로 받아들여 자신의 손바닥에 올려놓고, 어떻게 해결해야 할지 생각해보라. 의외로 쉽게 해결 방법을 찾아낼 수도 있다.

건강했던 어떤 사람이 얼굴빛이 점점 회색빛으로 변하고 몸이 점점 나른해져 병원에 찾아가 진찰을 받았다. 그런데, 청천벽력같은 말을 듣게 되었다. 간암이라는 판정을 받은 것이다. 그는 다른 병원에도 찾아가 진찰을 받았다. 그 병원에서는 회복하기에는 불가능하다고 했다. 그 후 신장병까지 합세해 의사로부터 신변을 정리하는 편이 좋겠다는 말을 듣게 되었다. 그는 지난날의 삶을 되돌아보면서 자신의 죄를 뉘우치고, 죽음 앞에서 세상에 대한 욕심을 모두 내려놓았다. 자신은 물론 가족과 친지들은 모두 슬픔에 잠겼고, 직장동료들은 동료를 떠나보낼 준비까지 마치게 되었다. 이렇게 1주일 정도를 침울하게 보내다가 이 사람은 마음을 고쳐먹었다. '내가 1년이 아니라 2년 살수도 있잖아! 아니면 3년 더 살게 될 수도 있잖아! 살아있는 동안에는 내가 즐겁게 살아야 하지 않을까? 내가 웃어야 가족들도 웃을 수 있잖아!'라고 말이다.

이렇게 마음을 고쳐먹은 그는 얼굴이 먼저 밝아졌고, 목소리에 힘이 들어가 있었으며 당당하게 말하게 되었다. 그리고 어깨를 펴고 다녔으며 활기차게 생활하게 되었다. 처음에는 이런 자신의 행동이 어색했지만, 점점 자연스럽게 행동하게 되었고 쾌활하게 지내게 되었다. 그 결과 자신은 물론 가족들과 친지들은 슬픔에서 벗어났고, 건강도 조금씩 좋아져서 몇 달 후에는 회색의 얼굴빛이 정상인의 얼굴빛으로 돌아왔다고 한다.

만약 그가 자포자기했다면 어떻게 되었을까? 자신은 물론 주변 사람들은 슬픔에서 벗어나지 못했을 것이고, 그는 지금 무덤 속에 누워있을 것이다.

이렇게 마음을 바꾼 것이 자신의 건강을 회복시켜주었고, 주변 사람들을 행복하게 해주었다. 그는 긍정적으로 생각하고 쾌활하게 행동하여 건강을 회복하고 행복을 누리게 된 것이다. 그는 마음을 바꾸어 자신에게 삶의 기회를 다시 주었다.

우리는 행복을 위해 싸워야 한다. 우리 자신을 악에 넘기지 말고, 두렵기까지 한 부정적인 내면에서 벗어나 극복해 내고 말겠다는 투지의 자세이어야한다. 이 어둠의 터널을 지나기만 하면, 밝고 눈부시며 축복받은 삶으로 연결될 것이라고 믿으며 악착같이 싸워야 한다. 링컨(A. Lincoln)은 이런 말을남겼다.

"대부분 사람은 자기가 행복해지려고 결심한 정도만큼 행복하다."

05 당신도 지금 작가 준비를 하고 있다

중학교 동창생 중에 한종덕 친구가 있다. 이 친구는 날마다 카톡방에 글을 올린다. 글을 읽어보면 대부분 고향에 대한 그리움과 중학교 시절에 대한 추억이다. 글을 쓰기 위해서는 한 문장을 쓰더라도 생각하고 써야 한다. 그래서 생각이 확장되고 글솜씨가 늘 수밖에 없다. 이 친구는 거의 매일 카톡방에 글을 올리기 때문에, 작가가 될 준비를 날마다 하는 셈이다. 이 친구만 작가 준비를 하는 것일까? 카톡방이 날마다 작가 준비생들로 붐비고 있다. 다음은 이 친구가 카톡에 올린 내용이다.

화려한 3월을 보내며 보드라운 벚꽃잎
너의 아름다움에 취한다.
봄! 봄! 봄! 호밋자루 내던지고 친구 만나고 싶다.

어느덧, 61년의 세월이 지나가는구나!

고향 생각을 해본다. 그리운 어린 시절이여!

5월 날씨! 마음을 유혹하네요. 하지만 코로나 19로 '집콕'입니다.

이제는 적응이 되어 '집콕' 습관이 생겼습니다. 오늘 하루도 당연히 '집콕'입니다.

황금연휴 마지막 날! 흐린 날씨로 들뜬 마음이 차분하게 가라앉는다.

5월! 시간은 빠르게 흐른다. 60대이면 60km 속도로 시간이 지난다더니, 참말이구나!

출근길 아카시아 향기 유혹하는구나! 아~ 오늘도 나는 살아 있구나!

코스모스길, 무거운 책가방 메고 걸어가던 아름다운 여학생이 떠오른다.

내리는 비 바라보며, 조용한 카페에서 따뜻한 커피 한 잔, 하고 싶다.

쌤! 5월 개학 축하합니다. 고대하고 고대하던 등교 개학 축하합니다. 교육 가족님들, 마음고생 많이 했어요. 우리 동기생들에게는 '교육 가족'이 많은 것 같습니다.

세월이 흘러 나이를 먹으며, 옛 친구와의 대화는 내가 살아 있음을 깨닫게

합니다.

환갑, 진갑을 넘어도 어린 시절의 나는 그 모습 그대로 고향에 남아있습니다.

장맛비! 끝없이 내린다. 마눌님 숙제 '호랑이 콩 까기'를 끝내고 그리운 고향 생각한다.

장마철에는 고향 집 옆 담배 건조장에 누워 비닐하우스에 떨어지는 빗소리가 마음의 평안을 주곤 했다. 나는 외로운 소년이었다. 환갑, 진갑 다 지나도 어린 시절의 추억이 어제 같다.

다음은 '아침 편지'를 가끔 보내오는 선생님의 글이다. 읽어보면 '한 편의 시'인 경우가 많다.

한 주가 별로 남은 것 없이 지났습니다. 고운 모래를 움켜쥐면 쥘수록 손가락 사이로 빠져나가고 마는 것처럼, 남은 것 없이 그렇게 한 주가 지나가네요. 손을 펴면 흔적만 남았을 뿐입니다. 그저 그 속에 남겨진 시간의 흔적만 볼 뿐입니다. 그 흔적은 마음속에 스크래치로 남아있는 '아린 상처', '아쉬운 기억' 같은, 그러나 버릴 수 없는 것들입니다.

오늘이 아픈 흔적으로 남는다 해도 좋습니다. 우리는 하나님의 귀한 선물이기 때문입니다.

벌써 12월이네요.

열한 달 동안 잘 지내신 것에 감사하고

열한 달 동안 건강한 것에 기뻐합니다.

열한 달 동안 덕분에 행복했습니다.

열한 달 동안 행복했던 것처럼, 남은 날도 행복하게 될 것에 감사합니다.

오늘이 동지입니다. 밤이 가장 긴 날, 팥죽을 쒀서 먹는 날이잖아요.

오래전에 할머니가 계실 때는 매년 동지에 팥죽을 먹었어요. 팥죽 속에 새알심 맛도 좋았는데, 이젠 다 추억이 되었네요.

내일부터는 낮이 길어지고 봄으로 가는 날들이라 참 좋습니다. 겨울의 반환점을 돈 거잖아요. 아직 봄이 멀긴 해도 낮이 길어지는 건 즐거운 일이지요.

동짓달 긴 밤이 멀어져가는 겨울이 좋아요. 봄 생각을 하게 되니까요.

봄이 오면 할 일도, 하고 싶었던 일도 많아서 좋아요.

오는 봄엔 꽃을 기대해 봅니다. 복수초, 얼로지, 꿩의바람꽃, 금붓꽃, 붓꽃, 독일 붓꽃, 앵초 피나물……

지난해 심은 연은 올해 꽃을 피우지 않아서 내년엔 꽃을 안 피우면 파 버리겠다고 연에게 협박했어요. 심고 싶은 것도 많아요. 올해엔 코스모스, 풍접초, 백일홍, 채송화, 과꽃도 심어야 해요. 오래전, 큰고모가 좋아하셨던 꽃이라서요. 심은 꽃나무가 잘 자라서 꽃그늘을 드리우면, 그 아래에 누워 꽃향기를 즐기고 싶어요. 자귀나무, 매화, 산철쭉, 진달래, 병꽃나무, 고추나무가 잘 자랐으면 하는 꿈을 꾸며, 이 겨울을 산답니다.

새해 첫 편지!

지난해, 힘들었던 모든 날을 잘 살아온 것에 박수를 보냅니다.

우리가 살아 보지 못했던 낯선 경험들이 우릴 힘들게 했습니다.

새해에도 어떤 일들이 우리를 힘들게 할지라도, 지난해처럼 이겨나갈 수 있기를 기도하겠습니다. 힘내서 새해에도 잘 살아냅시다. 늘 잊지 않고 살았던 날들처럼, 새해에도 그럴 겁니다. 언제나 격려와 박수를 보낼 겁니다. 반갑고 고맙습니다.

어제는 예상한 것처럼 눈이 오지 않아 다행이었어요.

그래도 먼 산은 할아버지 머리처럼 희끗희끗해졌어요. 겨울 풍경에 어울리게 춥네요. 거꾸로 매달아도 국방부 시계는 가듯이 봄은 올 거예요. 얼음으로 덮인 계곡에는 물 흐르는 소리가 제법 나더이다. 버들강아지도 살쪄가고요. 성급한 마음에 복수초가 나올까 풀섶을 뒤져봤어요. 아무것도 없었지만, 이미 내 마음엔 봄이 오고 있어요.

오늘도 길어지는 햇살을 보듬어 안아주세요. 봄을 데려오고 있어요.

코로나로 우울하긴 해도 억지로라도 행복한 척하면, 우리 대뇌는 정말 행복해진답니다.

봄이 왔는데 무얼 하고 있습니까? 꽃이파리가 날리는 데 말입니다.

그리움처럼 먼 산에서 피어나던 산벚나무가 벌써 져가더이다.

벚꽃이 눈처럼 날리던 모습에 가슴이 저려왔어요.

이렇게 떠나는 모습에서 아름다워야 할 이유를 보았답니다.

떠나는 뒷모습까지도 아름다워야 하는 건, 우리가 꽃처럼 아름답기 때문입니다.

지는 모습까지도 아름다운 것이 참 좋았어요.

이렇게 매일 작가 준비를 하는 이들이 있다. 그런데 언제까지 준비만 하려는가!

책을 쓴 사람들은 글솜씨가 뛰어났다기보다는 용기가 있었던 사람들이다. 그리고 생각을 행동으로 옮긴 사람들이다. 카톡방에 아무리 좋은 글을 남겨도 시간이 지나면 잊히게 되어있다. 그러므로 머뭇거릴 필요가 없다. 한 문장씩 써나가다 보면 소제목 하나씩 완성하게 된다. 이렇게 소제목 하나씩 완성하다 보면, 장제목이 완성되고 책이 완성되는 것이다. 세상의 모든 작가가 이렇게 한 문장씩 써나갔다는 것을 기억해야 한다. 자신이 쓸 수 있다는 믿음만 있으면 된다.

"신이 인간에게 불가능한 꿈을 주실 때에는 그것을 도와주겠다는 의미이다."

레그손 카이라(Legson D. Kayira)의 말이다. 카톡에만 글을 올리지 말고, 책 쓰기를 시작했으면 좋겠다. 쓰기 시작하면 써지게 되어있다.

06 책 쓰는 사람은 자신의 뜻을 이룬다

초등 시절, 체육 시간에 뜀틀 뛰어넘기를 배우게 되었다. 선생님께서 뜀틀 뛰어넘기에 관해 설명하시면서 "이렇게 뛰어넘는 거야."라고 시범을 보여주셨다. 그것도 한 번이 아닌 세 번이나. 날쌔게 뜀틀을 넘으시는 선생님 모습이 얼마나 멋지던지, 여기저기에서 감탄사가 쏟아져 나왔다. 그리고 남학생들이 먼저 따라 했다. 남학생들은 그 뜀틀을 쌩쌩 넘어갔다. 어떤 남학생은 선수급이었다. 남학생들이 얼마나 부럽던지, '나도 남자로 태어났다면 저렇게 잘할 수 있을 텐데.'라고 생각했다. 여학생들도 따라 했다. 가볍게 넘는 학생, 간신히 넘는 학생, 뛰어넘다가 엉덩이가 뜀틀 끝에 걸리는 학생 등 다양했다.

내 차례가 되었다. '내가 저 뜀틀을 뛰어넘을 수 있을까? 저 여학생처럼 엉덩이가 뜀틀 끝에 걸리면 어쩌지? 뜀틀 중간에 말 타듯 앉아버리면 어쩌지?'라는 생각으로, 생각의 꼬리를 물었다. 이어 뜀틀을 향해 뛰기 시작했다. 그런데 두려움이 가득한 마음으로 도움닫기를 시작해서인지, 뜀틀 앞이 가까워질수록 점점 달리는 힘이 약해졌다. 예상했던 대로, 엉덩이가 뜀틀 끝에 걸리고 말았다. '그래 나는 운동은 잘 못해. 나는 체육 시간이 싫어. 체육 시간만 없으면 학교생활이 더 즐겁겠어.'라고 생각했다.

하지만, 내가 자신감을 가지고 뜀틀을 넘었더라면, 나도 충분히 뛰어넘었으리라. 나 스스로 체육은 잘하지 못한다고 생각하니, 정말로 못한 것이다. 지금은 동료와 배드민턴이나 탁구를 하면 칭찬을 종종 듣는다. "선생님! 운동신경이 있네요."라고.

선생님이 '뜀틀 넘기'의 시범을 멋있게 보여주신 것처럼, 책 쓰기 코칭을 위해 세 권의 저서로 시범을 보이리라. 이제 세 번째 저서 1장을 다 완성하고, 2장 여섯째 소제목을 쓰는 중이다.

뜻을 세우고 자신의 삶을 변화시키려는 사람에게는 책 쓰기만큼 믿을 만한 것이 없다. 작년 초, 나는 내 삶을 개척하고자 책을 쓰기 시작했다. 내 삶을 스스로 개척하지 않으면, 은퇴 후에 내 인생에서 주인공이 아닌 주변 인물로 살아갈 것이 뻔했기 때문이다. 주변 인물이란 내가 필요한 사람들이 나를 부르면, 달려가서 그 주인공들의 삶에 보조 역할을 하며 살아가는 인물이다. 그래서 책을 읽기 시작했고, 이어 책을 쓰기 시작했다. 책 한 권을 써보니, 첫 개인 저서가 책 쓰기의 마중물이 되었다. 한 권이 두 권으로 이어졌고, 이렇게 세 권째 쓰는 중이다.

첫 개인 저서를 펴냈을 때, 주변 사람들이 내가 은퇴할 무렵이므로, 책 한 권 쓴 것으로 생각하고 있었다. 즉 교직 생활을 마무리하는 회고록 정도로 알고 있었다. 그런데 또 한 권을 써내니, 놀라면서 "회고록이 아니었어요?"라고 했다. 이후부터 나를 진정한 작가로 대해 주었고, 책 쓰기 코칭도 해달라고 나에게 부탁했다.

책을 써야겠다는 생각은 '학부모 독서아카데미'를 운영하고 있을 때부터였다. 독서 토론할 때 학부모 앞에서 내가 책을 쓰겠다고 선언한 것이다. 그런데 바쁜 학교 업무로 인해 미루다가, 책을 써야겠다는 생각조차도 그동안 잊고 살았다.

은퇴할 때가 되어, 할 일을 찾다가 책 쓰기를 기억해낸 것이다. 잃어버렸던 소중한 물건을 찾은 기분이었다. 가슴이 뛰기 시작했다. 나의 잠재의식 속에 책 쓰기가 늘 자리 잡고 있었던 모양이었다. 책 쓰기를 계획하면서, 은퇴 후 책 쓰기 코칭도 하겠다고 결심했다. 왜냐하면, 국어교사로 오랫동안 학생들을 가르쳤으니, 은퇴 후에는 나의 전문성을 더욱 확장하고 싶기 때문이다. 그래서 우선 책을 써야 했다. 책을 써야 나의 꿈인 책 쓰기 코칭도 이루어질 것이었다. 새벽에 일어나 책을 쓰기 시작했고, 3개월 만에 초고를 완성했다. 그리고 지금은 작년 말에 펴낸 나의 첫 개인 저서가 10주 베스트 셀러가 되었다. 두 번째 저서도 정확히 3개월 만에 썼다. 두 권을 쓰니, 작가라는 호칭이 첫 책을 썼을 때보다 더 자연스럽게 들렸다.

책 쓰기 코칭을 하려면, 국어교사의 경력이 있더라도 책 한 권 써서는 안 된다고 생각했다. 세 권을 쓰고 코칭하겠다는 것이 첫 책을 쓰기 시작할 무렵의 나의 목표였다. 가르치려면 시범을 제대로 보여야 하기 때문이다.

이렇게 책을 써서 뜻을 펼치는 사람은 비단 나뿐만이 아니다. 장영은의 저서 《쓰고 싸우고 살아남다》에서 그러한 주인공으로 소설가 도리스 레싱(Doris M. Lessing)을 소개하고 있다.

그녀는 1919년 페르시아에서 태어났다. 그녀의 아버지는 1차 세계대전에 참전하여 다리를 잃은 사람으로 현실에 잘 적응하지 못했고, 어머니는 성취욕이 강한 사람으로, 어머니 앞에서 그녀는 숨도 제대로 쉬지 못했다. 그녀는 이 지긋지긋한 환경으로부터 탈출하기 위해 고민하기 시작했다. 그리고 드디어 그 방법을 찾아냈다. 바로 결혼이다. 1939년 스무 살에 그녀는 결혼하여 숨 막히는 일상생활에서 벗어났다.

그런데, 결혼생활은 미래가 보이지 않는 더욱 불행한 삶으로 몰아갔다. 결국은 이혼하게 되었고, 자신과 가치관이 비슷한 사람과 다시 결혼했다. 재혼하여 사는 삶은 어땠을까? 또 순탄하지 못한 삶이 계속돼, 이혼할 수밖에 없었다. 그녀는 혼자 아이 셋을 양육해야 하므로, 생계조차 잇기 힘들어졌고 삶은 더욱 궁핍해졌다. 이제 막다른 인생길에 서게 된 도리스 레싱은 앞으로의 삶을 위해 무엇을 선택하게 되었을까? 바로 작가이다. 오랫동안 준비한 원고를 출간하고자 결심한 것이다.

처음에 그녀는 요하네스버그의 한 출판사에 손을 내밀었지만, 계약 조건이 맞지 않아 출간을 거절하고, 원고만 가지고 1949년에 런던으로 갔다. 그녀는 여러 출판사를 찾아다녔고, 드디어 1950년에 《풀잎은 노래한다》라는 제목으로 소설을 출간하여 문단에 데뷔했다. 이 소설은 출간한 지 5개월 만에 7판까지 인쇄될 정도로 독자들의 사랑을 받았다. 그리고 2년 후인 1952년에는 자전적 소설 《마사 퀘스트》, 1962년에는 일기, 수필, 소설 등 다양한 장르가 결합된 《황금 노트북》이 출간된다.

1950년부터 2008년까지 도리스 레싱은 50편이 넘는 작품을 꾸준히 발표했고, 2007년에는 노벨 문학상 수상자로도 선정되었다. 이렇게 그녀는 책을 써서 자신의 뜻을 이룬 사람이 되었다.

도리스 레싱을 비롯하여 뜻을 이룬 사람들은 어떤 공통점이 있을까?

먼저 독서 습관을 지녔다는 것이다. 즉 하루에 30분 이상의 독서를 즐긴다는 것이다. 장거리 비행 시에 일반석 승객들은 대부분 영화 감상을 즐기지만, 비즈니스석 승객들은 일하거나 독서를 즐긴다는 것이다. 그리고 그들은 실패를 두려워하지 않는 사람들이라는 것이다. 실패를 두려워했다면 어떤 일을 시도하지도 않았을 것이고, 성공도 끌어내지 못했을 것이다. 그리고 그들은 스스로 행운을 맞을 준비를 하는 사람들이다. 많은 사람이 일생을 살아가면서 행운을 기다리지만, 행운은 예고하고 찾아오지 않는다. 어느새 왔다가 가기 때문에 자신도 모르게 행운은 지나가 버리고 마는 것이다. 그래서 사람들은 지나간 다음에야 그것이 기회였고, 그것이 행운이었다고 말한다. 그 말은 행운을 맞이할 준비를 하지 못했다는 말이기도 하다. 또한, 그들은 목표를 설정하는 사람들이다. 자신의 행동과 결과에 대한 책임을 지는 사람들이기도 하다. 그리고 변화를 주도하는 사람으로 시장 변화에 적응할 줄 아는 사람들이다.

이렇게 자신의 뜻을 이룬 사람들의 특징이 여러 가지 있지만, 여기에서 꼭 짚고 넘어가야 할 또 한 가지가 있다. 바로 책을 썼다는 것이다.

이름만 거론해도 누구나 기억해내는 성공자들이 있다. 그들은 2시간 강연에 200만 원에서 많게는 1,000만 원의 강연료를 받는다고 한다. 그러면 이 사람들이 왜 비싼 강연료를 받고 있을까? 그것은 책을 썼기 때문이다. 광고 천재 이제석이 《광고 천재 이제석》을 출간한 후, 그의 성공담이 전해지면서 그의 몸값이 치솟았다고 한다. 그 외 《바람의 딸, 걸어서 지구 세 바퀴 반》의 저자 한비야 씨도 인생의 전환점을 갖게 만든 것은 바로 책을 썼기 때문이다.

책 쓰기는 평범한 사람을 비범하게 만들어 주는 최고의 방법이다. 이 책을 읽고 있는 당신도 평범한 인생이라고 생각한다면 책 쓰기에 도전하기를 바란다. 책 쓰기는 누구나 할 수 있는 것임을 꼭 기억하고, 책을 써서 자신의 뜻을 이루길 바란다. 다음은 베르톨트 브레히트(Bertolt Brecht)의 말이다.

"성공한 사람이 될 수 있는데, 왜 평범한 이에 머무르려 하는가!"

07 살아온 기적이 살아갈 기적을 만든다

중학교 동창생 중, 한 친구가 야외에 걸려있는 현수막 사진을 찍어 카톡방
에 올렸다. 현수막 문구는 이러했다.

"넌 오늘도 나를 설레게 한다."

필자는 이 문구를 읽고 답변으로 이렇게 썼다.

"난 오늘이 나를 설레게 한다."

모음 하나와 조사 하나를 바꿨을 뿐인데, 엄청난 의미 차이가 있다. 사실
필자는 요즈음 아침에 눈을 뜨면 정말로 오늘이 나를 설레게 한다. 예스24에
서 나의 첫 개인 저서가 10주 베스트셀러가 됐기 때문이다. 그리고 또 가끔

하루, 이틀 베스트셀러가 되곤 한다. 거기에 더하여 작가와의 만남도 초청받아 다녀왔다. 그리고 S고등학교와 K병원에서도 '작가와의 만남'을 추진해보겠다고 연락이 왔다. 오늘 일어날 수 없는 일은 아무것도 없다. 오늘이라는 시간은 무한한 가능성이 있는 시간이다. '베스트셀러'가 될 수 있는 시간이고, '작가와의 만남'을 초청받을 수 있는 시간이다.

현대그룹의 창업자 고 정주영 회장은 자신의 저서 《이 아침에도 설렘을 안고》에서 이렇게 말했다.

"나는 젊었을 적부터 새벽 일찍 일어났습니다. 왜 일찍 일어나느냐 하면 그날 할 일이 즐거워서 기대와 흥분으로 마음이 설레기 때문입니다. 아침에 일어날 때의 기분은 소학교 때 소풍 가는 날 아침, 가슴이 설레는 것과 똑같습니다. 또 밤에는 항상 숙면할 준비하고 잠자리에 듭니다. 날이 밝으면 일을 즐겁고 힘차게 해치워야겠다고 생각하는 것입니다. 내가 이렇게 행복감을 느끼면서 살 수 있는 것은 이 세상을 아름답고, 밝게, 희망차게, 긍정적으로 보기 때문에 가능한 것입니다."

아침에 눈을 떴을 때 기대와 흥분으로 마음이 설레는 그 기분을 나도 알고 있다. 그리고 이 세상을 희망차게, 긍정적으로 보기 때문에 가능한 것이라는 것도 나는 안다. 그런데 어떤 사람들은 안타깝게도 이렇게 말하곤 한다.

"인생이 왜 이래? 세월이 훅훅 지나갔으면 좋겠어."

"그 사람 왜 그래? 나에게만 왜 그러지? 어떻게 해주고 싶어."

말하지 못할 사정이 있겠지만, 참으로 안타깝다. 긍정적이지 않은 어두운 생각을 마음속에 계속 품고 있으면 건강에도 직접 해를 끼치기 때문이다. 텍사스대 심리학과장 페너 베이커(Penner Baker) 교수는 마음속에 품은 어두운 생각이 건강에 얼마나 해를 끼치는지 회사원 200명을 대상으로 조사했다. 그런데 그 결과는 놀랄만하다. 그의 저서 《열어 놓음》에서 잘 설명해주고 있다.

"200명 가운데 가장 심각한 건강문제를 가진 65명은 어린 시절에 적어도 한 가지 깊은 상처가 있었고, 그 상처를 놓아주지 않은 것으로 나타났다. 이들은 암, 고혈압, 위궤양, 독감, 두통, 중이염 등 거의 모든 크고 작은 질병을 가진 것으로 진단됐다. 신기하게도 상처의 내용은 상관없었다. 상처를 남에게 털어놓지 않았다는 점이 유일한 원인이었다."

어두운 생각은 자신의 생명을 단축한다. 그뿐만 아니라 주변 사람들을 힘들게 한다. 어두운 생각을 하는 사람의 마음속을 들여다보면 대부분 분노가 가득 차 있다. 분노는 마음속에서 가만히 있지 못하고 독이 되어 어떤 모양으로든지 나타난다. 말로 나타나기도 하고 행동으로 나타나기도 한다. 말이든 행동이든 표출된 분노는 뾰족한 송곳이 되어 남의 가슴에 깊은 상처를 입힌다. 결국, 주변 사람들은 어두운 생각을 품고 있는 사람과는 자연스레 거리를 두게 된다. 그런 사람으로부터 피하고 싶은 것이 인지상정이다.

어두운 생각을 품고 있는 사람에게든, 마음속에 분노가 가득한 사람에게든 책 쓰기는 마음속 상처를 치유하는 놀라운 효과가 있다. 책을 읽고 쓰면서 자신의 인생을 변화시키기 때문이다. 노트북 앞에서 글을 쓰다 보면 인생의 시야를 넓힐 수 있기 때문이다. 그러면 시나브로 마음속 상처가 하나씩 사라지게 된다. 알베르트 아인슈타인(Albert Einstein)은 이런 말을 남겼다.

"삶을 사는 데는 단 두 가지 방법이 있다. 하나는 기적이 전혀 없다고 여기는 것이고, 또 다른 하나는 모든 것이 기적이라고 여기는 방식이다."

필자는 '모든 것이 기적이다.'라고 여기는 사람이다. 기적이 있다고 여기면서 살아가면 하루하루가 기적이다. 아침에 눈을 뜨는 것도 기적이요, 팔을 위로 올릴 수 있는 것도 기적이다. 걸어 다니는 것도 기적이요, 자동차를 타고 직장에 무사히 도착하는 것도 기적이다. 일과를 마치고 집에 돌아와 가족들과 함께 식사하는 것도 기적이요, 잠자리에 편하게 누울 수 있는 것도 기적이다.

인생을 기적으로 만드는 구체적인 방법이 있다. 바로 책 쓰기이다. 책을 써보니 책을 읽게 되고, 책을 읽으니 책을 계속 쓰게 되었다. 책을 읽고 써보니, 일상생활을 하는 그 자체가 기적이라는 것을 알게 되었다. 고 장영희 교수가 암 투병 당시 그녀의 저서 《살아온 기적 살아갈 기적》에서 이렇게 말했다.

"창밖으로 보이는 파란 하늘 아래 드넓은 공간, 그 속을 마음대로 걸을 수 있는 무한한 자유가 그리웠고, 무엇보다 아침에 일어나 밥 먹고 늦어서 허둥대며 학교 가서 가르치는 그 김빠진 일상이 미치도록 그리웠다. 그리고 그런 모든 일상, 즉 바쁘게 일하고 사람들을 만나고 누군가를 좋아하고 누군가를 미워하고. 그렇게 아름다운 일을, 그렇게 소중한 일을 마치 아무 일도 아니라는 듯 태연히 행하고 있는 바깥세상 사람들이 끝없이 질투 나고 부러웠다."

그리고 건강이 회복되어 이렇게 말했다.

"난 이렇게 다시 나타났다. 나의 본래 자리로 돌아왔다. 다시 강단으로 돌아왔고, 아침에 자꾸 감기는 눈을 반쯤 뜬 채 화장실에 갔다가 밥을 먹고, 늦어서 허겁지겁 학교로 가는 내 편안한 일상으로 돌아왔고, 이젠 목젖이 보이게 입을 벌리고 보쌈도 먹고 상추쌈도 먹고 갈비찜도 먹는다."

이렇게 일상으로 돌아오는 것이 기적인 것이다. 이 책을 읽고 있는 당신도 지금 기적을 경험하고 있다. 김종삼 시인도 '어부'라는 시에서 이렇게 표현했다.

바닷가에 매어 둔 작은 고깃배

날마다 출렁인다

풍랑에 뒤집힐 때도 있다

화사한 날을 기다리고 있다

(……)

살아온 기적이 살아갈 기적이 된다고

영화 '벤허'에서도 "삶은 기적이다."라는 대사가 나온다. 하루하루 성실하게 살다 보면 매일 기적을 만나게 될 것이다. 그렇게 매일 견디고 이겨내다 보면, 더욱 아름다운 기적을 만들어낼 것이다.

08 결국, 펜을 든 사람이 세상을 바꾼다

작가에게 눈물이 없다면 독자에게 눈물도 없다. 작가에게 놀람이 없다면 독자에게 놀람이 없다.

– 로버트 프로스트(Robert L. Frost)

세상을 바꾸는 방법에는 무엇이 있을까? 성경이 우리에게 가르쳐주는 방법은 복음이다. 복음이 사람의 마음을 변화시켜 사람을 바꾸면, 복음으로 변화된 사람이 세상을 바꾸는 것이다. 실제 복음이 사람을 변화시켰고, 변화된 사람이 세상을 바꾸었다. 마틴 루터 킹(Martin Luther King) 목사 이야기이다.

그는 나이 26세에 몽고메리에서 버스 내 흑백차별에 항의하여 버스 보이콧 운동을 시작했다. 다음 해 27세 때에는 연방 최고 법원으로부터 버스 내 흑백분리법률의 위헌 결정을 받아냈고, 흑백 통합버스에 최초로 승차했다. 28세 때에는 남부기독교 지도자협의회 의장이 되어, 아이젠하워(D. D. Eisenhower) 대통령과 회담했다. 1963년 그의 나이 34세 때 워싱턴 D.C. 링컨 기념관 앞에 모인 25만 명의 청중들 앞에서 흑인과 백인이 하나 되는 세상에 관한 자신의 꿈을 역설하기도 했다.

1954년 몽고메리에서 시작된 그의 꿈은 1968년 멤피스에서 갑자기 그가 암살당하기까지 인종차별에 관한 치열한 싸움의 원동력이 되었다. 그가 죽은 지 50여 년이 지난 지금, 그의 꿈은 현실이 되었다. 복음이 혁명적인 변화를 일으키고 말았다. 킹 목사가 꿈꾸던 세상으로 바뀐 것이다. 주님 안에서 종이나 주인이나 다 같은 형제가 된 것이다. 그는 이제 미국 흑인 시민권 운동의 지도자를 넘어 자유와 정의를 염원하는 모든 이들의 영원한 정신적인 지주가 되었다.

1999년 킹 목사 암살사건 재심 배심원단이 킹 목사는 정부 내 비밀조직과 마피아 등이 연루된 거대한 음모의 희생자라고 했다. 2000년에는 미국 가톨릭교회 주교들이 킹 목사를 가톨릭 순교자로 지명해줄 것을 로마 교황청에 요청하기도 했다.

그러면 복음 외에 세상을 바꾸는 방법은 또 없을까? 다음 이야기가 잘 말해주고 있다.

어느 날, 누군가 헤밍웨이(E. Hemingway)에게 여섯 단어만 가지고 사람들이 눈물을 흘리게 할 수 있는지 내기를 요청했다. 이에 헤밍웨이는 한 치의 망설임도 없이 내기를 수락했다. 며칠 후에 헤밍웨이는 다음과 같은 글을 지어서 그 사람에게 우편으로 보냈고, 그는 글을 읽어보고 감명을 받아 즉시 헤밍웨이에게 고액의 원고료를 지급했다고 한다. 감명을 준 글의 내용은 다음과 같다.

"아기 신발 팝니다. 신어본 적은 없어요."(For sale : baby shoes, never worn.)

이 문장을 읽고, 가슴이 뭉클해지고 눈시울이 뜨거워지지 않는가! 자녀를 한 번 더 안아주고 싶지 않은가! 지금 당장 자녀와 자전거를 같이 타며 놀고 싶지 않은가! 자녀와 같이 여행도 가고 맛있는 음식도 먹고 싶지 않은가! 이 짧은 문장은 펜이 칼보다 강함을 잘 말해주고 있다. 즉 언론이나 저술이 직접적인 폭력보다 사람들에게 끼치는 영향력이 크다는 말이다

나폴레옹의 명언에 "펜은 칼보다 강하다."는 말이 있는데, 이 말은 영국의 소설가이자 극작가인 에드워드 조지 불워 리튼(Edward George Bulwer Lytton)이 1839년에 쓴 사극 '리슐리외 추기경(Cardinal Richelieu)'에 이미 나온 말이다. 프랑스 루이 13세(Louis XIII) 재위 당시 재상이었던 리슐리외 (Richelieu)는 정적들의 살해 음모를 알고 있었지만, 사제였던 그가 무기를 사용하는 것은 불가능한 일이었다. 극 중에서 리슐리외의 수습 기사인 프랑수아(François)가

"주군이시여, 지금 다른 무기들이 명령을 기다리고 있습니다."

라고 말하자, 리슐리외는

"펜은 칼보다 강하다네. 칼을 치우게. 프랑스는 그것 없이도 구할 수 있네!"

라고 말했다. 이 같은 생각을 한 것은 리튼 전에도 있었다. 17세기에 출판된 《우울의 해부학》에서 로버트 버튼(Robert Burton)은 쓰디쓴 농담이나 풍자가 어떻게 고통을 줄 수 있는지를 설명했다. 버튼은 '말 한마디로 때리는 상처가 칼보다 더 깊다(A blow with a word strikes deeper than a blow with a sword).'는 것을 시사하는 말을 이미 했고, 이는 당시에도 '오래된 격언'이었다고 한다.

이 밖에도 1582년 조지 웨트스톤(George Whetstone)의 '시민폭로의 헵타메론'에도 비슷한 내용이 나오며, 기원전 406년에 사망한 그리스 시인 에우리피데스(Euripides)도 "혀는 칼날보다 강하다."는 말을 남기기도 했다.

분명 펜은 칼보다 강하다. 펜을 든 사람이 사람의 마음을 바꿔, 세상도 바꾸어 놓는 것이다. 책이 사람에게 얼마나 큰 영향을 주는지, 책이 어떠한 인물을 만들어내고 그 인물이 어떻게 세상을 바꾸는지, 다음 여러 인물을 보면 알 수 있다.

삼성그룹 고 이건희 회장은 매월 평균 20여 권이 넘는 책을 읽을 정도로 독서광이었다고 한다. 그의 서재에는 동서고금을 막론하고 수많은 명서가 꽂혀 있었는데, 그의 경영 성공 비결이 바로 독서에 있었다고 한다. 27년 동안 삼성그룹을 이끌면서 세계 초일류 기업으로 성장시키는 큰 업적을 독서가 만들어낸 것이다. 삼성기업을 반도체와 휴대전화 부문에서 세계적인 기업으로 우뚝 서게 만들어냈다.

실제로 마틴 루터(Martin Luther)는 체코의 종교개혁자 얀 후스(Jan Hus)의 저서를 통해 종교개혁이라는 엄청난 일에 일생을 바쳤고, 현대 선교의 아버지로 불리는 윌리엄 케리(William Carey)는 《쿡 선장의 항해》라는 책을 읽고, 숭고한 선교적 인생에 뜻을 세웠다. 유럽을 평정한 나폴레옹은 전쟁터의 말 위에서도 책을 읽은 독서광이었다. 그가 일평생 읽은 책은 8,000여 권으로, 나폴레옹이 전쟁광이 아닌 영웅으로 남을 수 있었던 것은 빼어난 학식과 교양, 예술적인 감각이 있어서였다. 어린 시절 학교생활에 적응하지 못했던 윈스턴 처칠(Winston Churchill) 영국 총리는 "나의 가장 큰 즐거움은 책 읽기였다."라고 했다. 처칠은 철학, 경제, 정치학 등 고전 독서를 통해 훗날 격조 높은 문장과 연설문을 남겼고, 《세계의 위기》, 《제2차 대전 회고록》 등을 저술해 정치인으로는 극히 드물게 1953년 노벨 문학상을 받았다.

또한, 영국의 계관시인 윌리엄 워즈워스(William Wordsworth)는 "책은 한 권 한 권이 하나의 세계다."라고 말하며 낭만 시들을 많이 썼다. 이 낭만 시를 읽은 독자들이 어떠한 마음의 변화를 가져왔을까? 각박한 사회인데도 정서적으로 충만하게 되어, 주변 사람들에게 아름다운 정서를 전파했을 것이며, 세상을 눈부시게 만들었을 것이다. 혼란스러운 사회에서 한 편의 시가 각자의 인생길을 안내해 주었을 것이다.

1997년 게이츠 도서관 재단을 설립한 빌 게이츠(Bill Gates) 마이크로 소프트(MS)사 회장은 바쁜 일과 중에도 매일 밤 한 시간씩, 주말에는 두 시간씩 책을 읽으려고 노력했으며, 출장을 갈 때마다 책을 꼭 챙긴다고 한다. 빌 게이츠는 "나를 키운 것은 동네 도서관이었다."라고도 했다. 그는 역사나 사상에 관한 폭넓은 책 읽기를 바탕으로 세상을 앞서갈 소프트웨어의 필요성과 구조를 고안해 냈다.

이렇게 인물들이 책을 통해 변화해서, 다른 사람을 변화시켰으며, 세상을 변화시켰다.

다음은 짐론(Jim Rohn)의 말이다.

"당신이 선택한 분야에서 일주일에 한 권씩 책을 읽는다면 10년 후에 총 500권이 넘는 책을 읽는 셈이 된다. 그 독서량은 당신을 당신 분야에서 최상의 1%에 해당하는 인물로 만들 것이다."

3장

내가 꿈을 이루면
나는 누군가의 꿈이 된다

01 출간의 기쁨과 행복을 무엇과 비교할까?

인생에서 가장 큰 기쁨은 세상 사람들이 불가능하다고 말하는 일을 성취하는 것이다.

— 월터 배젓(Walter Bagehot)

내 인생에서 기쁨과 행복을 느꼈을 때가 언제였을까?

가장 먼저 떠오르는 것이 결혼식 날, 신부화장하고 거울을 보았을 때이다. 얼마나 예뻤던지 내가 그렇게 예쁜 여인이라는 것을 그때 처음 알았다. 결혼하지 않았다면, 즉 신부 화장을 하지 않았다면 내가 예쁜 줄을 평생 모르고 살 뻔했다. '화장발'이라고들 하겠지만, 그렇지만은 않다. 평소에 내가 화장을 온전히 하고 다니지 못했었다. 은은하게 신부화장한 내 모습을 보고, 어느 탤런트 같다는 말을 내가 들을 정도였으니까. 저녁에 화장을 지우기 싫을 정도로 그렇게 예뻤던 날, 나는 그 기쁨과 행복을 지금도 잊지 못한다.

그리고 첫 아이가 태어났다. 눈이 큰, 예쁜 딸이었다. 성장하는 모습이 얼마나 예뻤던지 동료 교사에게 출퇴근하면서 날마다 자랑했다. "너무 자랑하는 것 아냐?"라고 말해도 나는 아랑곳하지 않고, 그다음 날도 어김없이 또 자랑했다. 우리 딸이 세상에서 제일 예쁘고 귀여웠다.

첫 아이가 딸이니, 둘째는 아들이었으면 했다. 아들을 낳아야 내가 효도
할 것 같았다. 다른 일로는 내가 마음먹은 대로 노력하여 효도할 수 있었지
만, 아들 낳는 일은 내 맘대로 되는 것이 아니었다. 나는 기도하기 시작했
다. 효도하고 싶으니, 꼭 아들을 낳게 해달라고. 내 소원대로 둘째는 아들이
었다. 아들을 낳으니, 시아버지로부터 "장하다."라는 말씀을 듣기도 했다.
남부러울 것이 하나도 없을 정도로 세상을 다 가진 듯했고, 아들을 낳은 기
쁨을 만끽했다. 나는 첫 아이가 딸이요, 둘째는 아들을 낳은 120점짜리 엄
마가 되었다.

다음은 동시인으로 문단에 등단했을 때이다. 동시 '엄마 생각' 외 9편을
〈아동문학평론사〉에 제출하여 신인문학상에 당선된 것이다.

학교 진입로에는 시인 등단의 현수막이 걸렸다. 그즈음 고3 여학생도 시인
으로 등단했는데, 현수막 하나에 두 이름이 적혀 있었다. 교장 선생님께서도
기쁘셨던지 현수막을 걸으라고 하신 것이다. 출근길에 진입로에 걸려있는 현
수막을 보면서, 인생에서 기쁨은 자신이 만들어가는 것임을 그때 알았다.

학교에서 이름 짓기 공모 두 건이 있었다. 한 곳은 버드나무 아래인데, 학
생들이 자유롭게 쉴 수 있도록 바닥에는 나무로 마루를 깔고, 가장자리에는
긴 나무 의자를 빙 둘러놓은 공간이다. 또 한 곳은 버드나무 아래, 철쭉꽃이
피어 있는 언덕길이다. 이 두 곳의 이름 짓기 공모에 당선되면, 상금이 각각

10만 원씩 지급된다. 나는 국어교사이니, 특별한 이름을 지어 꼭 상을 받고 싶었다. 그래서 앉으나 서나 '공간 이름 짓기 공모' 생각뿐이었다. 드디어 이름을 지어 제출했고, 응모한 이름들이 공개됐다. 교무실과 현관 두 곳에 응모한 이름들이 게시되었다. 각각 10여 개 이상 올라온 이름 중, 한 사람당 한 곳에만 스티커 한 개를 붙여야 한다. 교사와 모든 학생이 참여하는 행사로, 스티커가 가장 많이 붙는 이름이 선정되는 것이다.

드디어 이름짓기 공모 결과가 공개됐다. 버드나무가 있는 공간 이름으로는 '하늘마루'가 선정되었다. 영어교사였던 박정혜 선생님이 응모한 이름이다. 그리고 철쭉꽃 언덕길 이름짓기에서는 내가 응모한 이름이 선정되었다. '꽃그늘로(路)'이다. '하늘마루'는 나무에 새겨 걸어놓는다고 했고, '꽃그늘로(路)'는 비석에 새겨 세워놓는다고 했다. 얼마 후, 동문이 '꽃그늘로(路)'라고 이름을 새긴 돌비를 세웠다. 그런데 '하늘마루'는 아직도 이름이 걸리지 않았다. 이곳에 그네도 두 개 만들어 놓았는데, 벚꽃이 필 무렵이면 학생들이 이곳으로 몰려와 사진도 찍고 그네도 타면서 우정을 다지는 공간이 되었다. '하늘마루'는 교내 공간 중, 가장 인기 있는 곳으로 만남의 장소가 되었고, 벚꽃이 활짝 피면 학급 단체 사진 촬영 장소가 되기도 했다. 그리고 가끔 야외수업도 진행되었다. 이 '하늘마루'를 생각하면서 내가 동시를 지은 적 있다.

하늘마루

꽃그늘로(路) 한 계단씩

오르고 또 오르면

하늘 가까이에 있는

하늘마루

하늘마루에 앉아 이야기꽃 피우면

실바람이 다가와 살랑살랑

별들이 내려와 반짝반짝

벚꽃, 이야기꽃, 우정의 꽃, 사랑의 꽃

피고 지고, 지고 피는

하늘마루

하늘마루에서 하늘 보면

하늘에 오를 것만 같아

두 팔 들어 하늘로 올리니

두 손이 하늘에 닿는다.

2020년 12월 15일, 나의 첫 개인 저서가 출간되었다. 2021년 5월 13일에는 나의 두 번째 저서가 출간되었다. 택배로 배송된 책 박스를 여니, 켜켜이 쌓아놓은 내 사랑스러운 책이 얼굴을 내밀었다. 황급히 책 한 권을 꺼내 들어

가슴에 꼭 껴안았다. 지금 막 출산한 내 딸을 안아 보듯, 내 아들을 안아 보듯 반갑고 기뻤으며 행복했다. 책 출간은 출산한 자식을 안아 보는 기쁨에 가장 흡사하리라.

"성공하고 싶으면 우선 책을 읽으세요."라고 말한 어느 유튜버의 이 가슴 뛰는 말 한마디가 책장으로 달려가 책을 읽게 했고, 3개월 만에 책을 쓰게 했다. 그리고 이어서 두 번째 책도 3개월 만에 썼다. 그리고 첫 책이 베스트셀러가 되었다. 나의 분신들이 세상에 나오니, 처음 책을 쓰기 시작했을 때처럼, 가슴 뛰는 삶이 계속되고 있다. 책 표지도 예쁘고 제목에도 이끌려 구매해 읽었노라고 전혀 모르는 분으로부터 이메일이 왔다. 어떤 사람은 내 책을 읽고 당장 책을 쓰고 싶으니, 책 쓰기 코칭을 해달라고도 했다. 여기저기에서 축하한다는 전화가 걸려오고 문자가 왔다.

책을 쓰는 순간부터 가슴이 뛰기 시작했는데, 이렇게 책이 출간된 이후에도 가슴 뛰는 삶이 계속되고 있다. 내가 바라던 삶이다. 이것이 내가 꿈꾸던 삶이다. 미국의 유명한 심리학자인 윌리엄 제임스(William James)는 이런 말을 했다.

"우리 세대의 가장 위대한 발견은 자신의 마음가짐을 바꾸는 것으로 자신의 인생을 바꾸는 것이다."

그렇다. 일찍이 인생의 원리를 깨달은 사람들은 한결같이 마음가짐을 바꾸는 대로의 사람이 된다고 말하고 있다. 즉 생각대로 인생은 만들어진다는 것이다. 정말로 내가 생각하는 대로 인생이 만들어지고 있다. '생각의 힘'을 경험하고 있다. 메신저 산업에 내가 초대받아 작가가 되었고, 강연가가 되었다. 이제 앞으로의 나의 꿈은 책 쓰기 코칭을 하는 것이다. 세 번째 책을 쓰고 있는 요즈음, 책 쓰는 것이 즐겁고 행복하며 기쁘다. 스티븐 킹(Stephen King)은 이런 말을 남겼다.

"결국, 글 쓰는 일의 핵심은 당신의 글을 읽는 이들의 삶과 당신 자신의 삶을 풍성하게 만드는 것이다. 자극하고 발전시키고 극복하게 만드는 것, 행복해지는 것, 그것이 궁극적인 목적이다."

02 저서는 최고의 자기계발이다

나이 앞자리 숫자가 바뀌는 해는 그 누구도 여느 해와 달리 하루하루 최선을 다해 보내게 될 것이다. 작년 1월 1일 새벽에 눈을 떴을 때, 밤이라는 시간이 내게 한 살을 더해주었다. 내가 원하지도 않았는데 말이다. 나는 정신이 번쩍 들어, 잠자리를 박차고 벌떡 일어났다. 그리고 커튼을 창문 양쪽으로 힘차게 몰아붙였다. 밖은 아직 어두컴컴했고 별이 반짝거리고 있었다. 내 가슴은 쿵쾅쿵쾅 뛰기 시작했다. '큰일 났구나. 내가 60이 되었어. 이를 어찌하면 좋아!' 이런 생각을 하면서 무릎을 꿇었다. 아니 무릎이 저절로 꿇렸다. 그리고 간절히 기도했다. '날아가는 세월을 어떻게 붙잡아야 할지, 올해는 어떻게 보내야 후회 없는 1년이 될지, 내 인생 후회 없이 보내기 위해 무엇부터 시작해야 할지에 대해 도와주세요.'라고 간절히 기도했다.

이렇게 한 해를 시작하며, 어렸을 때 간절히 하고 싶었던 피아노도 쳐보고,

운동도 매일 하면서 하루하루를 최선을 다해 보냈다. 그리고 은퇴할 무렵이므로 어느 분야를 계발시킬 것인지도 고민했다. 무엇보다 경제적으로 돕고 싶은 사람이 있어서 경제적인 면에 성공하고 싶었다. 그런데 내가 교직에만 있었으니, 사업과는 거리가 멀지 않은가! '무엇을 해야 은퇴 준비도 하고, 경제적으로도 풍요로워져서 다른 사람을 도울 수 있을까?'라고 운전하면서도 생각하고 설거지하면서도 생각했다. 이렇게 간절한 마음으로 하루하루를 보내고 있을 무렵, 유튜브로 설교를 듣거나 책 읽어주는 여자의 책 이야기를 듣곤 했다. 시간 관리를 철저히 해야, 후회하지 않는 한 해를 보내겠다는 생각에서이다. 이렇게 간절한 마음으로 지낼 때, 유튜버가 이런 말을 했다.

"성공하고 싶으면 우선 책을 읽으세요."

이 말은 내가 국어교사로서 학생들에게 입이 닳도록 했던 말이다. 내 교직 생활 내내 입에 달고 다녔던 말이다. 그런데, 이 말이 이날 나에게 명언이 되어 들릴 줄은 몰랐다. 이 명언을 듣자마자 책장으로 달려가 학부모님들과 함께 읽었던 책 하우석 씨의 《내 인생 5년 후》를 순식간에 찾아 집어 들었다. 이 책 제목이 제일 먼저 떠올랐다. '내 인생 어떻게 보낼 것이지.'에 대해 늘 고민하고 있었으니, 이 책을 읽으면 내 인생 2막이 열릴 것만 같았다. 나는 앉을 새도 없이 이 책을 읽어 내려갔다. 책 표지에 이런 말이 있었다.

"5년 후 오늘,

당신은 어떤 삶을 살고 있을 것인가?"

빨리 책장을 넘겨 어떤 내용이 있는지 읽고 싶어졌다. 침을 꿀꺽 넘기면서 책장도 같이 넘겼다. "바로 '지금'부터 시작이다."라는 제목으로 프롤로그가 시작되었다. 그리고 프롤로그 중간 부분에 탈무드의 격언이 적혀 있었다.

"이 세상에는 너무 지나치면 안 되는 세 가지가 있는데, 빵에 넣는 이스트와 소금과 망설임이다."

너무 지나치면 안 되는 세 가지 중에서 내가 어느 단어에 꽂혔을까? '망설임'이다.

이제부터는 '내 사전에는 망설임이란 없다.'라고 생각하며, '독자에게 감동을 주는 책을 나도 써보자.'라고 결단을 이때 내렸다. 이렇게 결단을 내리게 된 것은 '학부모 독서아카데미'를 운영하고 있을 때, 학부모들 앞에서 내가 책을 꼭 쓰겠다고 선언한 영향일 것이다. 이날, 유튜버가 기억나게 해주었고, 이제 망설이지 않고 책 쓰기를 하리라 결심했다.

그리고 그다음에 읽은 책이 브렌든 버처드(Brendon Burchard)의 《백만장자 메신저》이다. 이 책도 이미 읽었던 책이었는데, 처음 읽는 것처럼, 한 문장 한 문장이 내 가슴에 콕콕 박혔다. 그동안 내가 고민해왔던 모든 문제를 해결해주는 책이었다. 이젠 시작해야 했다. 자기계발과 경제적인 풍요로움

두 가지를 해결해주는 방법을 《백만장자 메신저》에서 발견했다. 이제 책 쓰기는 선택이 아니라 필수였다. 은퇴를 앞두고, 자기계발의 최고 프로그램인 책 쓰기를 발견하게 된 것이다.

은퇴는 인생 제2막을 여는 골든타임이다. 난 이 골든타임을 잘 잡았다. 난 출근하기 전, 새벽 4시에 일어나 6시까지 책을 쓰고, 출근 준비를 했다. 저녁 시간에는 학생들 야간학습 지도, 부모님 찾아뵙기 등으로 시간 내기가 쉽지 않았지만, 새벽에는 시간을 내어 책을 쓸 수 있었다.

책 쓰기를 시작하면서 경쟁도서를 찾아 많이 읽게 되었다. 경쟁도서란 자신의 책 쓰기와 같은 주제의 도서들이다. 자신이 쓰려고 하는 주제와 비슷한 책을 찾아 어떻게 쓰고 어떤 방법으로 주제를 풀어나갔는지 분석하게 되었다. 그리고 경쟁도서와 차별화할 수 있는 나만의 강점이 무엇인지 찾아보았다.

우선 내 이야기를 써야겠다고 생각했다. 그래서 1장은 내 인생 전반에 걸친 내용을 써 내려갔다. 그리고 고통스럽고 절망적인 상황에서 어떻게 극복해냈는지도 썼다. 2장은 '산다는 것은 훌륭한 인생 교과서를 만드는 것'에 대해 썼다. 어느 한 사람도 예외 없이 모두 훌륭한 인생 교과서를 만드는 것으로 생각해서이다. 3장에서는 '삶이 가져다주는 축복들'을 열거했다. 삶은 나를 도전하게 만들고, 아픈 만큼 성숙하게 하며, 간절하면 꿈은 이루어진다. 그리고 내가 누군가에게 희망이고 꽃이며, 하나님이 계획한 타이밍을 깨달았으며, 시련은 변형된 축복으로 나타난다는 것, 은퇴를 앞두고 두 번째 성공을 꿈꾸는 이유에 관해 썼다. 4장에서는 책을 쓰면서 깨달았던 책 쓰기의 유익한 점에 관해 썼고, 5장에서는 인생을 바꾸고 싶다면 당신의 책을 쓸 것을 권했다.

이렇게 5장 38개의 소제목으로 하여 제목 《당신의 삶도 이미 베스트셀러이다》가 출간되어, 지금 인터넷 서점 예스24 기획 / 정보 / 시간 관리 분야에서 10주 동안 베스트셀러에 올랐다.

독자들이 모두 평론가가 되어 한 마디씩 내게 건넸다.

"선생님! 작가 맞으세요. 잘 쓰셨어요. 저도 책 쓰기에 도전하려고 합니다."

"너 국어 선생, 맞더라. 잘 썼어."

"선생님! 저도 작가가 되려고 해요. 선생님이 쓰신 책을 읽고 작가의 꿈을 꾸게 되었어요. 잘 쓰셨습니다."

"작가님! 책 잘 썼어요. 나도 쓰고 싶어요. 언제 책 쓰기 코칭 좀 해주세요."

"선배님! 훌륭하세요. 어떻게 그렇게 좋은 책을 쓰셨어요? 대단하세요."

일일이 다 나열하기가 어렵다. 이렇게 책을 써서 칭찬과 더불어 축하 인사를 많이 받았고, 꿈만 같게도 베스트셀러에 올랐다. 그리고 자기계발도 하게 되었다.

필자가 책을 쓰지 않았다면, 내게 작가의 소질이 있다는 것을, 어떻게 알수 있겠는가! 어디 나쁨이겠는가! 이 책을 읽고 있는 당신도 작가의 소질을 다분히 가지고 있을 것이다. 그러므로 책 쓰기를 시도해보길 바란다. 당신도 자신의 잠재된 소질을 발견하고 놀라게 될 것이다.

⑬ 꿈 너머 꿈에 도전하게 만든다

....

품고 있는 꿈의 크기로 종종 그 사람을 판단할 수 있다.

— 로버트 H. 슐러(Robert H. Schuller)

누구에게나 간절히 이루고 싶은 꿈이 있고, 놓치고 싶지 않은 인생이 있다. 누구에게나 늦게라도 이루고 싶은 꿈이 있고, 간절히 원하는 삶이 있다. 그러면 늦게라도 어떻게 꿈을 이루고, 간절히 원하는 삶을 살아갈 수 있을까?

작년에 유튜버가 "성공하고 싶으면 우선 책을 읽으라."고 한 말을 듣고, 곧장 책장으로 달려가 앉을 새도 없이 책을 읽어 내려갔다. 그리고 1시간도 안되어 책 속에서 해답을 찾았다. 바로 책 쓰기이다. 독자들에게 나도 선한 영향력을 끼치는 책을 써야겠다고 생각했다. 아울러 은퇴 준비도 책 쓰기로 해야겠다는 결론을 내렸다. 이렇게 쉽게 책을 쓰겠다고 결정한 것은 학부모들 앞에서 내가 책을 쓰겠다고 선언한 적이 있기 때문이다. 그런데, 학교 업무에 바쁘다 보니, 그동안 까맣게 잊고 살았다. '책 속에 길이 있다.'라는 말이 맞는 말이었다.

어느 유튜버의 말을 귀담아듣지 않았다면 내가 어떻게 되었을까? 그 말을 귀담아들었더라도 곧장 실행으로 옮기지 않았다면 어떻게 되었을까? 그날 그 시간에 그 유튜버의 말이 나에게는 명언으로 들려, 곧장 책장으로 달려갔었다.

그날에 있었던 모든 것이 나에게는 기적이다. 그 시간에 그 말을 들은 것도 기적이요, 평범한 말을 듣고 보석 같은 명언으로 들린 것도 기적이요, 그 말을 곧장 실천으로 옮긴 것도 기적이다. 그리고 직장인인데도 3개월 만에 책을 써낸 것도 기적이요, 이어서 두 번째 책을 써낸 것도 기적이다. 그것도 출근하기 전 새벽에 말이다. 그래서 난 당당하게 말할 수 있다. 직장인도 3개월 만 새벽에 책을 쓰면 책 한 권 거뜬히 써낼 수 있다고 말이다.

책 한 권 써내니, 한 권이 두 권으로 이어졌다. 두 권은 세 권으로 이어져 이렇게 세 번째 책을 쓰고 있다. 이제 나의 꿈은 책 쓰기만이 아닌 책 쓰기 코칭이다. 은퇴 후에 책 쓰기 코치로 살아갈 계획이다. 꿈은 또 다른 꿈을 불러와 내 가슴을 뛰게 했다. 책 쓰기 코칭의 꿈을 이루면 또 다른 꿈은 무엇일까? 내 인생 기대가 된다.

대학교를 졸업하고 잠시 학원에서 강사로 지낸 적이 있다. 수강생 20여 명의 '공무원반'을 맡았는데, 고등학교 2년 선배 언니가 공무원 시험준비를 하겠다고 내 수업에 들어온 것이다. 순간 당황했었지만, 나는 강사요 그 언니는 수강생이므로, 좀 불편은 했지만 부끄러울 것은 없었다. 열심히 수업 준비를 하여 가르친 적이 있다.

공무원반은 곧 있을 시험에 붙느냐 떨어지느냐가 걸려있으므로, 죽기 살기로 공부했다. 이번 시험에 떨어지면 이제는 기회가 없는 것처럼, 비장한 표정들이었다. 이런 공무원반 같은 '책 쓰기반'을 운영하고 싶다. 모범 수강생 20~30여 명이 앉아 있는 교실에서 책 쓰기 코칭을 하는 것이다. 생각만 해도 가슴 설레게 하는 것은 '졸고 있는 학생이 한 명도 없이 모두 나만 바라보며 수업에 임할 것이다.'라는 것이다. 한 마디라도 놓칠세라 내 얼굴을 뚫어지라 쳐다보는 어른 학생들! 이 어른 학생들을 바라보는 나는 얼마나 기쁘고 행복할까! 34년 동안 교직 생활을 했으니, 야무지게 가르치고 싶다. 이렇게 은퇴 후, 책 쓰기 코칭! 생각만 해도 벌써 가슴이 설레고 뛴다.

나의 꿈은 은퇴 후 책 쓰기 코칭으로, 은퇴 후가 더 기대된다. 나의 이런 꿈을 주변 사람들에게 이야기했더니, 주변 사람들 또한 나에 대한 기대가 크다. 작년에 책을 쓰기 시작하면서 책 쓰기 코칭도 하겠다고 말해왔다. 그래서 주변 사람들은 나를 만나면 자신이 쓰고 싶은 책 제목에 관해 묻곤 한다. 어떤 선생님은 자신이 쓴 글을 이메일로 보내오기도 했다. 이렇게 이미, 나는 은퇴 전 책 쓰기 코치가 됐다. 내가 생각한 대로, 책 쓰기 코칭을 하고 있었다.

어느 시대에나 현명한 사람들은 '자기가 생각한 대로의 사람이 된다.'라는 원리를 활용하며 살아가도록 가르치고 있다. 이에 필자도 같은 생각이다. 그동안 살아오면서 '자신이 생각한 대로 사람은 사는구나!'라는 것을 깨닫게 되었으니 말이다. 힌두교의 경전에도 같은 의미의 말이 있다.

"인간은 자기가 생각하고 있는 것과 같은 인간이 된다."

로마제국의 철학자였던 마르쿠스 아우렐리우스(Marcus Aurelius Anton-inus)도 이런 말을 했다.

"우리 인생은 사고에 의해 만들어진다."

모두 같은 의미로 '생각대로 인간이 된다.'라는 말이다. 자신이 생각하고 있는 세계 안에서 사는 것이다. 질투와 불만, 이기심과 부정적인 생각으로 살아가는 사람은 늘 그런 세계 안에서 불행하게 살고 있다. 반면, 힘차게 희망을 노래하며 긍정적인 생각으로 살아가는 사람은 늘 희망의 세계 안에서 행복하게 사는 것이다.

당신은 어느 쪽의 사람인가? 이 질문에 대해 반드시 자신에게 대답하길 바란다. 혹시 부정적인 생각으로 그동안 살아왔다면 긍정적인 생각으로 바꾸길 바란다. 부정적인 생각은 자신의 피를 마르게 할 뿐만 아니라, 주변 사람들에게도 부정적인 영향을 주어 모두를 피곤하게 만든다.

다음은 꿈을 잠재웠던 사람들이 다시 간절하게 꿈을 꾸고, 도전하기를 바라는 마음에서 나의 첫 개인 저서에 썼던 시 일부를 인용하고자 한다.

세상은 간절하게 꿈꾸는 자의 것

세상은 꿈을 놓지 않는 자의 것

잠재웠던 꿈을 지금 다시 꾸십시오

그대가 지금 할 일은

가슴 깊숙이에 잠재웠던 꿈을 깨우는 일입니다

그리고 도전하는 일입니다

도전의 시작은 하나씩 바꾸려는 마음이면 됩니다

하나씩 마음을 바꾸면 행동이 달라집니다

하나씩 행동을 바꾸면 인생이 달라집니다

하나씩 마음을 바꾼 것이

무채색 인생에서 유채색 인생으로 달라진다는

진리를 믿으십시오

당신의 인생은 당신 것입니다.

세상은 간절하게 꿈꾸는 자의 것입니다.

꿈은 꿈을 불러온다. 즉 하나의 꿈을 이루면, 꿈 너머 또 다른 꿈에 도전하
게 만든다. 그리고, 꿈을 이룬 사람은 또 다른 이의 꿈이 되어 꿈을 꾸게 만든
다. 이것이 꿈을 꾸고 꿈을 이루는 매력이다.

⑭ 저서 출간이 강연으로 이어진다

저서 출간 후 어떤 일들이 일어날까? 가장 먼저 들을 수 있는 말은 '작가'라는 호칭이다. 학교에서 늘 '선생님'이란 호칭을 듣다가, '작가님'으로 불리니, 삶이 더 싱그러워졌다. 나의 새로운 삶이 시작된 것이다. '작가'라는 호칭이 계속 나를 따라 다녔다.

"작가님! 원고 마음에 듭니다. 저희 출판사에서 출간해드리겠습니다."

"작가님! 퇴고를 짧은 시간에 해주시기 바랍니다. 빨리 책을 출간하고 싶습니다."

"작가님! PDF 파일 보내드릴 테니, 퇴고하실 때 색상으로 표시해서 보내주세요."

"작가님! 작가님 원고가 다른 출판사와 계약이 되었는지요? 계약하지 않으셨다면 저희 출판사가 작가님 책을 출간하고 싶습니다. 빠른 답장을 기다리겠습니다.

"작가님! 책 보내드렸는데, 잘 받으셨어요?"

이렇게 계속 '작가님, 작가님'으로 불리면서 출판사와 문자를 주고받고, 전화를 주고받게 되었다. '작가'라는 호칭을 처음 들었을 때는 남의 옷 입은 것처럼 어색했다. 그러나 지금은 자연스러워졌고, 그 호칭이 내게 알맞은 호칭이라는 생각이 든다. 김춘수의 시 '꽃'에서처럼.

"나의 이 빛깔과 향기에 알맞은

누가 나의 이름을 불러 다오."

이제 나는 세 번째 책을 쓰고 있다. 첫 번째 책을 쓰기가 어렵지, 두 번째 책은 쉬워진다. 세 번째 책은 더 쉬워진다. 나를 포함하여 저서를 출간한 초보 작가들이 이런 말들을 한다.

"책을 쓴 후, 제 인생이 달라졌어요."

"작가와의 만남에 초청되는 일이 남의 얘기인 줄 알았는데, 바로 제 얘기가 됐어요."

"제가 꿈에 그리던 TV 방송에 출연하게 되었습니다."

저서를 발간한 후, 자신들의 삶이 이렇게 바뀌었다고 한다. '칼럼 기고', '작가와의 만남'이 줄을 잇는다는 사람도 있다. 이렇게 그동안의 삶과는 전혀 다른 자기 주도적인 삶을 살게 되면서, 일상생활에서도 활력을 되찾고 행복하다고 한다. 필자 또한 저서를 발간한 후, 인생 제2막에 접어들었다. '작가와의 만남'에 초청되었고, 책 쓰기 코칭도 하고 있으니 말이다.

영국의 철학자 프랜시스 베이컨(Francis Bacon)은 "현명한 사람은 기회를 찾지 않고 기회를 창조한다."라고 말했다. 기회는 누가 만들어 주는 것이 아니라 창조하는 것으로, 기회가 찾아오도록 자신이 만들어야 한다는 것이다. 그러면 기회를 창조하는 방법은 무엇일까? 바로 저서 발간이다. 저서 발간이 꿈을 이룰 수 있는 가장 빠른 길이다. 저서 발간은 다양한 기회들이 찾아오게 하는 가장 좋은 방법으로, 책을 써서 기회를 붙잡으라고 권하고 싶다. 책을 쓰는 시기가 빠르면 빠를수록 좋다.

그러면, 저서 발간을 통해 얻을 수 있는 가장 큰 기회는 무엇일까? 바로 강연이다. 저서를 읽고 감동한 독자들이 작가를 만나고 싶어 한다. 그래서 강연을 요청하는 것이다. 강연은 김창옥 씨나 김미경 씨처럼 유명강사나 작가만이 하는 것이 아니다. 초보 작가들에게도 규모는 작지만, 강연 요청이 자연스럽게 들어온다.

정재승 씨는 저서를 발간하기 전에는 과학을 연구하는 과학자였다. 그런데 과학 이야기를 풀어낸 저서 《과학콘서트》를 발간하자, 곧 베스트셀러에 올랐고, 유명해지기 시작했다. 그리고 이후 카이스트 교수로 채용되었으며, 강연가로 불려 다녔다.

《총각네 야채가게》의 저자 이영석 작가는 30대 초반에 트럭에 야채를 싣고 다니며 장사를 시작했다. 그리고 땅값 비싸기로 유명한 대치동에 '총각네 야채가게' 1호점을 내었다. 이영석 대표는 야채 가게만 운영하는 것이 아니라, 2003년에 그의 삶의 이야기가 담긴 《총각네 야채가게》를 출간했다. 이 책은 22만 부 넘게 팔려나갔으며, 곧 베스트셀러가 되었다. 그는 저서 출간으로 기업체와 기관 등에서 강의 요청이 쇄도했다고 한다. 《총각네 야채가게》의 성공스토리를 뮤지컬로도 각색해 2008년부터 2014년까지 공연했다. 필자가 경기도 S고등학교에서 근무하던 2010년, 학생들을 인솔하여 공연장에 직접 가서 이 뮤지컬을 감상한 적이 있다. 꿈과 희망을 노래하는 청춘들의 이야기가 박진감 있게 전개되었다. 이 한국 창작 뮤지컬 '총각네 야채가게'는 일본과 중국에서도 두 차례씩 공연되었다고 한다.

우리가 알고 있는 유명한 강연가들은 대부분 자신의 저서를 가지고 있는 작가들이다. 대표적인 예로 김미경, 강헌구, 이영권, 김난도, 공병호 작가들이다. 이 중에서 특별히 《아프니까 청춘이다》의 저자 김난도 교수는 이 책을 출간하기 전에는 서울대학교 교수로만 불리었다고 한다. 그러나 책을 출간하고, 출간한 책이 베스트셀러에 오르면서 TV에 출연해 특강은 물론, 각종 기관과 기업에서 모셔가고 싶어 하는 강사가 되었다고 한다. 그리고 《나는 아내와의 결혼을 후회한다》의 저자 김정운 작가도 저서 출간 후, '국민 스타강사'가 되었다고 한다. 이후에 출간한 책들도 계속 베스트셀러에 오르면서 강연 요청이 쇄도해, 명지대 교수직을 아예 그만두고 강연을 다니면서 이전과 전혀 다른 삶을 살아가고 있다고 한다.

실제 나도 저서 발간을 통해 인근 학교에서 '작가와의 만남'에 초청받아 학부모들 대상으로 강연한 적이 있다. 인근 학교 선생님이 학부모 독서토론반을 운영하고 있었는데, 내 책을 읽고 감동하여 만남의 장을 마련했었다. 그리고 내가 현재 근무하고 있는 본교 학생들과도 '작가와의 만남'이 있었다. 가까이에 작가가 있다고 학생들이 얼마나 좋아하던지, 악수도 하고 사진도 찍으면서 학생들과의 추억을 만들었다. 저서를 발간하고 나니, 작가의 꿈을 꾸는 학생들이 점점 늘어나고 있다.

앞으로도 필자는 작가로서 다른 사람들에게 꿈을 꾸게 하고, 꿈 실현을 도우며 살아가고 싶다. 내가 꿈을 꾸어 꿈을 이루면, 난 누군가의 꿈이 된다는 사실을 저서 발간을 통해 알게 되었기 때문이다. 그리고 내가 꿈을 꾸지 않으면, 이루는 꿈도 없을 뿐만 아니라, 난 그 누군가의 꿈이 되지 못한다는 사실을 알게 되었기 때문이다.

"성공을 측정하는 방법을 바꾸어라. 자신이 이력서를 얼마나 휘황찬란하게 만들었느냐가 아니라, 타인에게 어떤 영향을 미쳤는지, 주위 사람들의 삶을 변화시키도록 만들었는지를 기준으로 삼아라."

   토머스 J. 드롱(Thomas J. Delong)의 말이다. 당신이 어느 방면에서 성공하고 싶은지는 모르겠으나, 작가는 저서를 통해 다른 사람들의 삶을 변화시키고 있다. 즉 저서 발간은 곧 성공의 기회를 만드는 것으로, 다른 사람들에게 동기부여가 되고, 꿈을 만들어가게 한다. 또한, 저서 발간은 자신의 삶에서 새 시대를 보게 하고, 새 역사를 쓰게 한다. 즉 제일 먼저 작가로 불리게 될 것이며, 다음은 강연 요청이 들어와 강연가로 불려 다니게 될 것이다.

05 저서는 국립중앙도서관에 비치된다

책을 쓰기 시작하면서 여러 권의 자기계발서를 읽었다. 자기계발서에서 공통으로 강조한 내용은 바로 이것이다.

'꿈을 꾸면 꿈은 반드시 이루어진다.', '자신의 큰 꿈에 꼭 도전하라.', '상상하면 꿈이 현실이 된다.', '자신의 꿈이 이미 이루어진 것처럼 생각하고 행동하라.', '낙심되는 일이 있더라도 끝끝내 무릎은 꿇지 마라.', '희망으로 늘 인내하라.', '당신의 경험이 돈이 되는 순간이 반드시 온다.', '오늘부터 당신의 경험, 메시지를 팔아라.', '돈과 행복이 함께하는 새로운 인생이 시작된다.', '당신이 이제껏 하찮게 생각해온 당신의 경험을 누군가는 간절하게 원하고 있다.', '지금까지 독자로 살았다면 이제부터 저자가 되어라.', '이제는 SNS 시대로 누구나 책 쓰기를 할 수 있는 시대다.', '유명 저자들은 모두 책을 써서 성공했다.'

모두 가슴 뛰게 하는 문장들이고, 꿈이 없는 사람에게는 꿈을 꾸게 하는 문장들이다. 그리고 저서를 남겨야 하는 충분한 이유이다. 이렇게 저서는 독자의 가슴을 뛰게 하고 꿈을 꾸게 한다. 그리고 꿈에 도전하게 만든다.

누구나 베스트셀러의 삶을 살고 있다. 즉 누구든지 자신만의 특별한 인생을 살아가고 있다는 말이다. 그러므로, 지금까지 살아온 자신의 경험을 바탕으로 삶의 노하우, 인생을 바라보는 관점, 가치관 등을 스토리로 써낸다면, 독자들의 삶에 선한 영향력을 끼칠 수 있게 된다. 그뿐만 아니라, 저서를 남긴다는 것은 자신을 발견하고 계발하는 최고의 방법이 되기도 한다. 저서는 자신의 인성과 능력을 객관적으로 입증해 보일 수 있는 최고의 스펙으로, 자신의 가치를 최대로 높일 수 있게 된다. 즉 책 쓰기로 퍼스널 브랜딩이 가능하게 되는 것이다.

무엇에 도전해야 할지 망설이고 있다면, 책 쓰기에 도전하라고 강하게 권하고 싶다. 자기계발을 위해 백 권의 책을 읽는 것보다 한 권의 책을 쓰는 것이 훨씬 낫기 때문이다. 그 어떤 자기계발보다 책 쓰기는 가치 있으며, 출판 후의 기쁨과 행복은 상상을 초월할 정도로 크다.

저서는 자기계발이며, 독자들에게 선한 영향력을 끼치는 것만으로도 충분한 가치가 있는데, 거기에 또 하나, 저서가 출간되면 국립중앙도서관에 비치된다는 점이다. 자신이 남긴 지적 유산인 저서가 국립중앙도서관에 보관된다고 하니, 얼마나 기쁘고 감격스러운 일인가!

국립중앙도서관에 대해서 인터넷으로 검색해 보았다.

도서관법 제18조 1항에 이런 내용이 있었다.

"문화체육관광부 장관은 그 소속 하에 국가를 대표하는 도서관으로서 국립중앙도서관을 둔다."

그리고 개요에 "국립중앙도서관은 대한민국의 국립 도서관으로 서울특별시 서초구 반포대로 201(반포동)에 위치. 한국을 대표하는 도서관"이라고 적혀 있었다.

그리고 국립중앙도서관의 역사가 궁금하여 '네이버 나무 위키'에서 찾아보았더니, 다음과 같이 적혀 있었다.

1945년 8·15 광복 후, 박봉석 등 조선 총독부도서관의 한국인 사서들을 주축으로 하여 10월 15일 서울특별시 중구 소공동에서 국립 도서관으로 개관했다고 씌어 있었다. 그리고 1963년 도서관법 제정에 따라 현 명칭으로 바꿨다는 것이다. 책이 계속 출간될 텐데, 쏟아지는 그 책들을 어떻게 관리하는지도 궁금했다. 그래서 찾아보니, 국내에서 발행되는 모든 책을 납본받아 대략 최근 3년 치는 서가에 꽂아두고 그 이상이 되면 책을 보관하는 창고로 이동한다는 것이다. 아무리 유명하고 중요한 책이라도 3년이 넘게 되면 서가에 없다는 것이다. 그래서 오래된 책을 찾아 읽고 싶으면, 창고에서 열람 신청을 해야 한다는 것이다.

나의 첫 개인 저서가 2020년 12월 15일 자로 출간이 되었는데, 언제 국립중앙도서관에 비치되었는지 인터넷으로 검색해 보았다.

도서《당신의 삶도 이미 베스트셀러이다》

김선옥 지음.

한국경제신문i

2020

비치일 : 20210208

청구번호 : 818-21-87

자료이용장소 : 2층 문학실(자료실 내 비치)

라고 쓰여 있었고, 목차보기까지 기록되어 있었다. 두 번째 저서도 검색해 보았다.

도서《당신도 이미 베스트셀러 작가이다》

김선옥 지음.

굿위즈덤

2021

비치일 : 20211018

청구번호 : 011.3-21-16

자료이용장소 : 4층 도서자료실(자료실 내 비치)

감격스럽게도 이렇게 필자의 개인 저서가 국립중앙도서관에 비치된 것을 확인했다. 지금 쓰고 있는 세 번째 저서도 국립중앙도서관 자리 어디 즈음에 또 비치되리라 생각하니, 이 또한 가슴 뛰게 한다. 저서를 남겨야 하는 이유가 여러 가지 있지만, 국립중앙도서관에 비치된다는 사실만으로도 충분한 가치가 있다.

앞으로 네 번째 저서며 그 이후의 저서들도 국립중앙도서관에 비치될 텐데, 어떤 주제로 책을 쓸 것인가에 관해 생각해보았다.

필자의 첫 번째 저서는 나의 지나온 삶과 산다는 것은 훌륭한 인생 교과서를 만드는 것, 삶이 가져다주는 축복들, 책 쓰기의 유익한 점들, 인생을 바꾸고 싶다면 책을 쓰라고 강조했다. 두 번째 저서는 처음 책을 쓰기 시작한 초보 작가들을 위해 나의 책 쓰기 경험을 바탕으로 기록했다. 지금은 SNS 시대로 1인 1책 쓰기 시대이므로, 책 쓰기를 강조했고, 책 쓰기 실전 비결과 유의점, 성공적인 출판사 계약과 홍보 마케팅 방법 등을 썼다.

이제 유아교육에 관한 책을 쓰고 싶다. 진로교육에 관한 책도 쓰고 싶다. 인생 수업에 관한 책도, 그리고 부에 관한 책도 쓰고 싶다. 이 여러 주제에 관한 저서를 남겨 독자들에게 선한 영향력을 끼치고 싶다. 앞으로 쓰게 될 필자의 저서들이 모두 국립중앙도서관에 비치된다고 생각하니, 얼마나 흐뭇하고 감격스러운 일인가! 내가 이 땅에 남길 유산은 저서만으로도 족하다. 토머스에디슨이 이런 말을 남겼다.

"책은 위대한 천재가 인류에게 남겨주는 유산이며, 그것은 아직 태어나지 않은 자손들에게 주는 선물로서 한 세대에서 다른 세대로 전달된다."

    모든 저서가 국립중앙도서관에 비치된다는 사실을 기억하고, 최고의 유산을 남기는 고귀한 작업을 시작하길 바란다. 유산으로 책을 써서 자녀들에게 그리고 후손들에게 자신의 경험과 철학, 지식과 지혜를 전해주기를 바란다. 책 쓰기를 강조하는 CEO로 유명한 유상옥 코리아나화장품 회장도 일찍이 사진 대신 책을 남기라고 말했다.

"손자들에게도 할아버지 또는 할머니가 쓴 책이라고 말하면 아이들이 자부심을 가질 수 있지 않을까요?"

⑥ 출간이 책 쓰기 코칭으로 이어진다

....

"우선 무엇이 되고자 하는가를 자신에게 말하라. 그리고 해야 할 일을 하라."

– 에픽테토스(Epictetus)

한 기자가 빌 게이츠에게 "세계적인 부자가 된 비결이 무엇입니까?"라고 질문했을 때, 그는 다음과 같이 매일 두 가지 말을 반복한다고 대답했다.

"나에게 오늘은 큰 행운이 생길 것 같다."
"나는 무엇이든지 할 수 있다."

이 말은, 희망은 말하는 대로 이루어진다는 것이다. 희망을 반복해서 말하면 그 희망이 실제로 이루어진다는 것을 빌 게이츠는 믿고, 이 두 가지 말을 날마다 반복했다. 차동엽 신부도 《뿌리 깊은 희망》에서 이렇게 말했다.

"희망을 말하라. 될 수 있는 한 떠벌려라. 희망을 글로 적어라. 가능한 한 또박또박 반복해서 적어라. 희망을 선포하라. 혼자 우물우물 속삭이지 말고,

만천하에 공표하라. 그것이 더 큰 성취의 파장을 일으킬 것이다. ”

　간절한 꿈이 있으면, 그 꿈을 글로 적으라고 한다. 그리고 소리 내어 읽고, 주변 사람들에게 떠벌리라고 한다. 그렇게 할 때, 간절한 꿈은 세상에 선포되고, 그 꿈은 표현하는 대로 이루어진다는 것이다. 희망은 절망을 이겨내는 유일한 대안으로, 세르반테스 역시 《돈기호테》에서 다음과 같이 희망을 노래했다. 오십이 넘은 나이에 그는 이 노래를 감옥에서 불렀고, 그의 간절한 희망은 현실이 되었다. 즉 《돈기호테》가 세계적인 명작이 된 것이다.

　“이룩할 수 없는 꿈을 꾸고, 이루어질 수 없는 사랑을 하고, 싸워 이길 수 없는 적과 싸움을 하고, 견딜 수 없는 고통을 견디고, 잡을 수 없는 저 하늘의 별을 잡자.”

　당신도 간절히 바라는 그 무엇이 있는가? 빌 게이츠처럼 원하는 것을 매일 반복해서 말로 표현하라. 차동엽 신부처럼 자신의 희망을 종이에 적고 떠벌려라. 자신의 희망을 적어 액자에 넣어서 걸어 놓아도 좋다. 실제로 내 막냇동생은 자신의 꿈을 적어 액자에 넣어 벽에 걸어놓은 적이 있다. 내가 그 액자를 보고 동생의 꿈을 알게 되었다. 이런 방법들은 모두 자신의 희망을 확실하게 선포하는 것으로, 이렇게 선포한 사람은 하루하루를 헛되이 보내지 않게 되므로, 자신의 꿈을 확실하게 이룰 수 있게 된다.

필자는 작가들 모임에서 은퇴 전 저서 세 권을 출간하고, 은퇴하자마자 책 쓰기 코칭을 하겠다고 선포한 적이 있다. 그 후 주변 사람들에게도 나의 계획을 말하곤 했다. 국어교사로서 글쓰기 지도를 해왔으니, 책 쓰기 코칭을 야무지게 할 수 있다고 생각한다.

얼마 전, 책 쓰기 코칭을 해달라는 사람이 있어, 무엇을 쓰고 싶냐고 물었더니, 주제는 정하지 못했다고 했다. 그래서 '부자'에 관한 내용을 사람들이 좋아하므로 '부'에 관해 쓰는 것이 어떻겠냐고 물었더니, 한번 써보겠다고 대답했다. 그리고 소제목 하나를 써서 이메일로 보내왔다. 나는 보내온 글을 읽으면서, 이미 베스트셀러 작가임을 알아차렸다. 글 내용의 일부를 실어 본다.

진짜 부자로 살아가는 자신을 발견하라

'태풍의 눈'에 대해 들어보았을 것이다. 2001년 시카고에 살던 어느 날 저녁, 정규방송 중 break news, 긴급재난방송을 보게 되었다. 시카고 바로 옆 타운에 불어닥친 허리케인이 온 마을을 초토화시키는 장면이 카메라에 생생하게 잡힌 것이다. 허리케인이 지나가는 곳마다 지붕이 뜯겨 나가고, 차들이 뒹굴었다. 주변에 모든 것들을 닥치는 대로 빨아들이는 블랙홀이 펼쳐졌다. 참으로 무시무시한 광경이었다.

그 무서운 허리케인의 가장 중심부에 놀랍게도 고요한 무풍지대가 존재한다. 바로 태풍의 눈이다. 그렇다고 해서 태풍의 눈을 고요한 무풍지대로만 여겨서는 안 된다.

지금 주변을 초토화하고 있는 무시무시한 괴물의 중심이 바로 태풍의 눈이라는 사실을 기억해야 한다.

이러한 태풍의 눈이 비단 자연현상 속에서만 발견되는 것은 아니다. 지금은 잠잠한 상태지만 언제 폭발할지 모르는 무시무시한 상태로 남아 있는 태풍의 눈이 사람에게서도 발견된다. 바로 사람이 지닌 생각의 힘이다. 안타까운 사실은, 많은 사람이 자신의 생각을 태풍의 눈이 아니라, 찻잔 속의 태풍(A Storm In The Teacup)으로 여기고 살아간다는 사실이다. 내가 부에 관한 책을 쓰겠다고 말했을 때, 제일 먼저 들은 말을 소개한다.

"아니, 무슨 사업을 해서 큰 부를 거머쥐어본 적이 있냐고, 하다못해 통장에 1억이라도 꽂아본 적 있냐?"라는 거였다. 그 말을 들으니 내가 부에 관해 책을 쓴다는 것이 너무도 허무맹랑한 일로 느껴졌다. 부에 관한 책을 쓰겠다고 생각했을 때, 내 마음속에 일었던 흥분과 열정이(태풍의 눈이) 순식간 차갑게 식으며, 미풍으로 바뀌는 것을 경험했다.

이 말을 들은 아들이 내게 해준 말 한마디가 내 마음속에 열정과 흥분의 불씨를 다시 일으켜주었다. 천군만마를 얻었다는 것이 이런 순간일까? 사람이 가지고 있는 '생각의 힘'이 얼마나 위대한 것인지를 체험한 것이다.

"아빠, 다수의 성공한 사람들이 가지고 있는 공통점 하나가 뭔지 알아요? 20~30대 젊을 때가 아니라 50~60대에 가장 큰 성공을 거뒀다는 거예요. 인간이 성공할 수 있는 잠재능력이 가장 크게 나타나는 때가 바로 아빠 나이 때예요."

(중간 생략)

왜 그럴까? 앞서 병상에 누워있는 재벌 회장을 다시 생각해보라. 부에 대해 가르치는 수많은 책과 부를 열망하는 사람들이 무엇을 말하며 꿈꾸는가? 비록 병상에 누워있더라도 부자가 되고 싶다는 병든 부자를 꿈꾸고 주장한다는 사실이다. 이 망상이 오늘 우리 삶을 파괴하고 있다.

우리가 눈을 돌려 이 세상을 살펴보면, 이 세상에는 이미 수많은 병든 부자들로 가득 차 있다는 것을 부인할 수 없을 것이다. 우리가 혀를 차면서 안타까워하는 그런 병든 부자들 말이다. 그런데도 당신은 그 대열에 또 한 명의 병든 부자로 끼어들고 싶은가? 필자는 이 책을 읽는 독자들이 병든 부자가 아니라, 진짜 부자로 살아가기를 바라며 이 글을 쓰고 있다. 존 워너메이커(John Wanamaker)는 이런 말을 남겼다.

"이런 일은 도무지 불가능하다고 자신이 믿고 시작하는 것은 그것을 자기 자신이 불가능하게 만드는 수단이다."

우리가 진짜 부자가 될지 병든 부자가 될지는 자신이 무엇을 믿고 시작하느냐에 달려 있다. 진짜 부자가 될 수 있다고 믿고 이 책을 읽는다면, 분명 책장을 덮으면서 발견할 수 있을 것이다. 세상에서 말하는 부자가 되어야 하는 것이 아니고, 자신이 이미 부자로 살고 있다는 사실이다. 이제 진짜 부자로 살아가는 자신을 발견해 보자.

이렇게 술술 읽히는 글은 잘 쓴 글이다. 읽을 만한 콘텐츠가 있는 글은 잘 쓴 글이다. 독자에게 감동을 주어, 행동으로 옮기게 하는 글은 잘 쓴 글이다.

책 쓰기 코칭할 때, 위와 같이 글을 잘 쓰는 제자들을 계속 만난다면 얼마나 행복할까? 이런 제자를 만난다는 것은 행운이다. 앞으로 책 쓰기 코칭 기대가 된다. 그리고 내 인생 2막도 기대가 된다. 저서를 두 권 썼을 뿐인데, 벌써 책 쓰기 코칭 제안이 몇 명이나 들어왔다.

07 책 쓰기는 인생을 브랜딩하는 최고의 수단 이다

....
쉬지 않고 글을 써야만 마음의 문을 열 수 있고, 자기를 발견할 수 있다.

— 위화(余華, Yu Hua)

나이가 들을 만큼 들었는데, 아직도 학창시절에 피아노를 배우지 못하고 노래를 부르지 않은 것에 대한 후회가 깊다. 피아니스트가 되지 못해서가 아니다. 그리고 성악가가 되지 못해서가 아니다. 초등시절 담임선생님께서 오르간 연주를 가르쳐 주신다고 했을 때, 배움을 우선으로 하지 못한 것에 대한 후회이다. 노래도 잘한다는 말씀을 해주셨는데, 선생님 말씀을 귀담아듣지 않은 것에 대한 후회이다. 그럼 지금 내가 할 수 있는 일이 무엇일까? 지금이라도 피아노 연습을 하면 한 곡이라도 칠 수 있을 것이며, 지금이라도 노래하면 목소리가 좋아질 수 있다는 생각이다.

이처럼 사람들은 어린 시절에 배우지 못한 것에 대해 많은 후회를 하며 살아가고 있다. 그런데, 후회한들 무슨 소용이 있겠는가! 후회하기보다 오늘 시작한다면, 어린 시절과 같이 스펀지처럼 쏙쏙 빨아들이지는 못하더라도 노력해서 배운 만큼은 실력이 늘 것이다. 그러면 분명히 알게 될 것이다. 자신의 인생을 브랜딩할 수 있는 일이 무엇인가를. 그러면 인생을 브랜딩하는 최고의 방법에는 무엇이 있을까? 필자는 작가로서 저서 발간을 추천한다.

저서 발간으로 인생을 브랜딩한 작가를 소개하고자 한다. 우리나라 1세대 자기계발작가인 공병호 씨이다. 현재 공병호경영연구소 원장으로 활동하고 있으며, 그는 1인 기업가의 대명사로 불린다. 공주에 있는 교원연수원에서 공병호 씨의 강연을 들은 적이 있었는데, 최고의 칭찬인 "역시 최고의 강사야."라고 교사들이 이구동성으로 말했다. 공병호 씨의 강연은 인생을 되돌아보게 했고, 삶의 계획을 구체적으로 다시 세우게 했다.

공병호 작가는 사람들이 놀랄 정도로 꾸준히 작품을 발표하여 자신의 인생을 브랜딩한 대표적인 작가이다. 그의 저서를 예스24에서 검색해 보니, 그의 저서가 줄을 잇고 있었다. 그리고 그의 책 제목에서는 공통점을 하나 발견할 수 있었는데, 자신의 이름을 넣어 다수의 책 제목을 지었다는 것이다. 이름이 곧 간판이 된 것이다.

《공병호, 탈무드에서 인생을 만나다》, 《공병호의 초콜릿》, 《공병호의 다시 쓰는 자기경영 노트》, 《공병호의 군대 간 아들에게》, 《공병호의 우문현답》, 《공병호의 변화경영》, 《공병호 미래 인재의 조건》, 《공병호의 성경 공부》, 《공병호의 인생사전》, 《공병호의 고전강독》, 《공병호 습관은 배신하지 않는다》, 《공병호 대한민국의 성장통》, 《공병호 인생의 기술》, 《공병호 벽을 넘는 기술》, 《명품 인생을 만드는 10년 법칙》 등, 이외에도 다수의 저서가 공병호 씨의 이름이 들어가 있었다.

다음으로 대한민국 스타강사, 김창옥 작가를 소개하고자 한다. 유튜브 '세상을 바꾸는 15분'을 비롯한 '김창옥 TV'에서 강의를 자주 듣곤 했는데, 김창옥 씨도 저서를 통해 인생을 브랜딩했다. 그의 저서를 찾고자 예스24에서 검색해 보았다. 이곳에서 소통 전문 강사 김창옥 씨를 이렇게 소개하고 있었다.

"국내 작가, 대한민국을 대표하는 소통 전문 강사이자 (주)김창옥아카데미 대표다. 20여 년간 정부 기관 및 지자체, 삼성전자, LG, 현대자동차, 포스코 등 다수의 기업에서 소통을 주제로 강연을 해왔다. 경희대학교 성악과를 졸업한 후 뮤지컬 배우와 연극배우로 활동하였으며, 서울여자대학교 교목실 겸임교수로 재직 중 김창옥휴먼컴퍼니를 설립해 '소통'과 '목소리'로 여러 곳에서 강의하고 있다."

그리고 그의 저서에는 《유쾌한 소통의 법칙》, 《당신은 아무 일 없던 사람보다 강합니다》, 《지금까지 산 것처럼 앞으로도 살 건가요?》, 《소통 잘하는 아이가 행복한 리더가 된다》, 《나는 당신을 봅니다》, 《유쾌한 소통의 법칙》, 《소통형 인간》, 《감추고 싶은 그리움들》, 《목소리가 인생은 바꾼다》, 《인쇄문화의 새로운 이해》 등이다.

저서 발간으로 인생 브랜딩에 성공한 또 다른 작가로는 2021년 1월 23일자, 〈조선일보〉 인터넷 신문에 남정미 기자가 쓴 기사로 '한국판 조앤 롤링? 삼성전자 관두고 쓴 첫 소설로 베스트셀러 1위'라고 제목을 붙여 이미예 작가를 이렇게 소개했다.

"소설 쓰기를 따로 배운 적 없고, 필사도 안 해봤다. 대신 10년 넘게 간직해 온, 소재를 출퇴근길에 갈고 닦았다. 만화책부터 드라마 대본집까지 재밌는 작품은 가리지 않고 '재미 요인'을 분석해 노트에 기록했다. 그렇게 쓴 노트가 20여 권. 소설 부문 18주 연속 1위이자, 2020년 연말부터 최근까지 3주째 종합 베스트셀러 1위(교보문고 기준)를 지키고 있는 《달러구트 꿈 백화점》이미예 작가(31) 얘기다. 달러구트 꿈 백화점은 잠들어야 들어갈 수 있는 꿈 백화점이 있으며, 우리가 꾸는 꿈은 사실 이곳에서 만들어 사고판다는 전제에서 시작하는 판타지 소설. 신춘문예나 공모전에도 이름을 올리지 않은 이미예 작가는 무라카미 하루키 등 대작가의 공세에도 굳건히 자리를 지키더니, 주식 활황 속에 쏟아지는 경제 서적의 역습도 막아냈다. 작년 7월 출간 이후 팔린 책이 30만 부 이상. 290쇄를 찍었다."

저서 발간으로 인생을 브랜딩한 사람들이 이 외에도 수없이 많다. 《가슴 뛰는 삶》의 저자 강헌구, 《여자라면 힐러리처럼》, 《꿈꾸는 다락방》, 《리딩으로 리드하라》의 저자 이지성, 《영혼이 있는 승부》의 저자 안철수, 《바람의 딸, 걸어서 지구 세 바퀴 반》의 저자 한비야, 《아프니까 청춘이다》의 저자 김난도, 《광고 천재 이제석》의 저자 이제석 등이다. 그리고 대한민국의 스타강사 김미경 씨도 IMF 때 가산이 기울었는데, 우선 책부터 썼다고 한다. 그 당시 컴퓨터를 다룰 줄 몰라, 노트에 써 내려갔다고 하니 얼마나 힘들었을까?

이들은 인세 수입은 물론 방송 출연을 비롯해 기관과 단체의 초청 특강으로 점점 브랜드 가치가 올라가고 있다. 저서 발간을 통해 자신들이 원하는 삶을 사는 작가들이다. 이렇게 저서는 자신의 인생을 브랜딩하는 최고의 수단이며, 동시에 진정으로 자신이 좋아하는 일을 하며 경제적인 풍요도 누릴 기회를 만들고 있다.

필자 또한 저서 발간으로 내 인생을 브랜딩해 나가고 있다. 내가 대학생 때 책 쓰기에 관심을 두었더라면, 내 인생이 얼마나 달라졌을까? 교직 생활 초창기에 저서를 발간했더라면 내 인생이 어떻게 변했을까? 5~6년 전인 '학부모 독서아카데미'를 운영할 때에라도 책을 썼더라면 내 인생이 얼마나 성장했을까? 은퇴할 무렵이 되어서야 책을 써보니, 저서 발간은 인생을 브랜딩하는 최고의 수단임을 깨닫게 되었다.

저서는 자신의 인성과 능력을 객관적으로 입증해 보일 수 있는 최고의 방법이다. 자신만이 겪은 경험과 깨달음, 삶의 철학, 신앙생활, 가치관, 전문성 등을 담은 책을 펴낸다면, 자신의 브랜드 가치를 최대로 높일 수 있다. 즉 저서 발간은 강연과 TV 출연 등으로도 이어질 가능성이 있다는 뜻이기도 하다.

혹시 당신의 인생에서 지금 가장 어두운 터널을 지나고 있는가? 가도 가도 터널이 길어 끝이 보이지 않는가? 그러나 터널은 아무리 길어도 터널일 뿐이다. 조금만 더 참고 앞을 향해 나아가다 보면 빛이 보이게 되어 있다. 조금만 더 인내심을 발휘하여 앞을 보고 가면, 초록빛 나무들과 흰 구름이 뭉게뭉게 피어오르는 하늘을 바로 이마 위에서 보게 될 것이다. 인생에서 새벽이 오기 직전의 어두움을 지혜롭게 잘 넘기기만 하면, 희망찬 아침을 맞이하게 될 것이다.

인생길에서 어두움을 지혜롭게 넘기는 방법이 바로 저서 발간이다. 당신의 경험을 메시지로 남기기를 바란다. 당신의 메시지가 다른 사람을 돕는 메신저 역할을 하게 될 것이다. 훗날에 자신의 인생을 되돌아보면서, 그때 그 어두움을 책 쓰기로 잘 이겨낸 덕분에 이렇게 푸른 하늘을 보게 되었노라고 말하게 될 날이 이르게 될 것이다.

누구든지 책을 쓰고 싶다면 망설일 필요 없이 지금 시작하기 바란다. 노트북 앞에 앉아 쓰기 시작하면, 당신의 꿈이 하나씩 꿈틀거리게 될 것이다. 그리고 그 꿈을 이루려고 열정적인 삶을 살아가게 될 것이다. 자신이 어떤 사람인가를 발견하게 될 것이며, 자신의 인생이 자연스레 브랜딩될 것이다. 책을 쓰는 시점이 빠를수록 좋다. 젊은 나이일수록 좋다. 책 쓰기의 힘으로 인생에서 더 많은 삶의 기회를 얻게 되길 바란다. 작가 루이스 라모르(Louis L'Amou)가 이런 말을 남겼다.

"무슨 일이든 글쓰기부터 시작하라. 물은 수도꼭지가 켜질 때까지 흐르지 않는다."

08 내가 꿈을 이루면 나는 누군가의 꿈이 된다

....

책은 그것을 적절히 선택할 수 있는 독자에게 갖가지의 즐거움을 안겨준다.

— 몽테스키외(Montesquieu)

많은 사람이 자신이 가진 영향력에 대해 과소평가하고 있다. 그러나 각 사람이 주변에 끼치는 영향력은 자신이 생각하는 것보다 훨씬 크게 발휘하고 있다. 가정에서 또는 직장에서 자신의 영향력이 얼마나 큰지 점검해보길 바란다.

학교에서 근무하다 보니, 담임들의 일과가 얼마나 바쁜지를 잘 알고 있다. 담임을 직접 해본 사람은 누구나 알 것이다. 아침부터 저녁 종례시간까지, 어느 날은 물 마실 새도 없이 바쁘다. 수업과 공문 처리, 그리고 쉬는 시간마다 찾아오는 학생들, 담임들은 매일 지친 모습으로 하루하루를 보내는데, 특별히 학년 초에는 교무실이 전쟁터이다. 담임은 물을 마시기는커녕, 다른 볼일도 보지 못하는 때도 있다.

은퇴할 무렵이 되어, 2년 전부터 내가 담임을 맡지 않았다. 그래서 조회시간이면 담임들은 바쁘게 교실로 향하는데, 나는 담임들에게 미안할 정도로 여유로움을 느꼈다. 담임을 맡고 안 맡고의 차이가 그렇게 크다는 것을 실감할 정도였다. 담임들의 노고를 잘 알기에, 작년부터 올해까지 담임들이 쉽게 차를 마실 수 있도록 둥굴레차, 옥수수차 등을 구매해 아침마다 커피포트로 차를 끓여 놓았다. 물론 생수도 떠다 놓았다. 담임들은 상담하다가 바로 옆에 있는 물을 마실 수 있고, 학부모님이 찾아오셔도 쉽게 차를 대접할 수 있었다. 어떤 선생님은 들렀다가 생수를 벌컥벌컥 마시곤 갔다. 어떤 선생님은 "따뜻한 둥굴레차가 정말 맛있네요."라고 했다. 어떤 선생님은 자신의 물병에 끓여 놓은 차를 담아가기도 했다.

이렇게 생수를 떠다 놓고 차를 끓여 놓는 일은 주변 몇 사람들에게만 영향력을 끼치는 일이다. 즉 가정과 직장에서 몇 명의 동료와 가족에게 영향을 준다. 그러나, 작가가 독자들에게 끼치는 선한 영향력은 상상 이상으로 크다. 수천 명, 아니 수만 명의 인생에 꿈을 심어주고, 묻어두었던 꿈을 꺼내게 만든다. C. D. 몰리(Christopher Darlington Morley)는 이런 말을 했다.

"당신이 그에게 한 권의 책을 팔 때, 단지 12온스의 종이와 잉크와 풀을 파는 것이 아니라 한 생명체를 파는 것이다."

그렇다. 단지 종이로 된 한 권의 책이 아니다. 한 권의 저서는 마음의 상처로 주저앉은 사람을 일으키기도 하고, 죽어가는 사람을 살리기도 한다. 실제 필자의 첫 개인 저서가 발간되어 전국 서점에서 판매되기 시작했을 때, 낯선 사람들로부터 이메일을 받았는데, 그중 한 편지 내용이다.

안녕하세요?

저는 회사에 다니고 있는 평범한 직장인입니다.

선생님이 내신 책을 보고 용기를 내어, 제가 쓴 글을 한번 보여드리려고 이렇게 불쑥 메일을 드려봅니다.

무례함을 용서하시고, 제 글을 읽으시어 평가를 한번 부탁드리고 싶습니다.

어릴 적부터 글을 써 보고 싶은 생각이 있었는데, 점점 욕심이 생겨 책을 내보고 싶은 생각이 들었습니다. 바쁘시더라도 한번 봐 주시고 회신해주시면 정말 감사하겠습니다.

책 표지 안쪽에 있는 이메일 주소를 보고, 메일을 보내왔다. 보내온 글을 읽고 난 이렇게 답장을 보냈다.

반갑습니다.

쓰신 글을 읽어보니, 믿음이 좋으시고 글이 매우 좋아요. 충분히 책을 내실 수 있습니다.

콘셉트가 이미 정해졌으니, 여러 책을 보시면 아시겠지만, 책 제목을 정하고 장제목 4개 또는 5개를 만든 다음, 각 장제목마다 소제목 7개~8개씩 만들어 소제목의 내용별로 묶으시면 됩니다. 너무 쉽게 표현했나요? 이미 쓰셨으니, 책을 내시면 되겠습니다. 파이팅입니다.

그리고 7개월 후 메일을 또 받았다.

선생님 덕분에 책을 내게 되었습니다. 완벽한 것보다는, 일단 책을 내보자는 마음으로 냈습니다. 받으실 곳 주소를 알려주시면 책을 보내드리겠습니다. 읽어보시고, 간단한 평을 보내주시면 다음 책을 쓰는 데 도움이 많이 되겠습니다. 감사합니다.

내가 책을 쓰기 시작하면서 '누군가 나의 경험, 나의 깨달음을 통해서 삶의 활력소를 찾는다면 얼마나 기쁠까?'라고 생각했었다. 내가 생각한 대로 나의 경험이 누군가에게 삶의 활력소가 되고 있었다. 로맹 롤랑(Romain Rolland)이 이런 말을 남겼다.

"가장 위대한 책이란 종이테이프에 찍히는 전문(電文)처럼 두뇌에 새로운 지식을 전달해 주기보다는 생명감이 넘치는 충격으로 다른 삶을 눈뜨게 하고, 다른 삶에서 삶으로 여러 가지 정수(精髓)를 공급해 주는 것이다."

작가가 거짓 없이 종이 위에 옮겨 놓은 글은, 독자들에게는 자신의 모습을 살피게 하고, 앞으로의 자세를 가다듬게 하는 거울이 되기도 한다. 한 권의 저서가 누군가를 격려해주어 가슴앓이를 멈추게 할 수 있고, 생명을 살릴 수도 있다. 그리하여 독자의 인생을 바꿔 놓기도 한다.

실제로 마틴 루터는 체코의 종교개혁자 얀 후스의 저서를 통해 종교개혁이라는 엄청난 일에 일생을 바쳤고, 현대 선교의 아버지로 불리는 윌리엄 케리는 《쿡 선장의 항해》라는 책을 읽고, 숭고한 선교적 인생에 뜻을 세웠다. 오프라 윈프리는 마야 안젤로(Maya Angelou) 작품인 《새장에 갇힌 새가 왜 노래하는지 나는 아네》를 읽고 인생의 터닝 포인트를 갖게 됐다. 이 책은 세살 때부터 열여섯 살 때까지, 즉 유년기에서 사춘기에 이르는 13년 동안, 마야 안젤로 삶의 기록으로 미국 문학 사상 최고의 자서전으로 평가받고 있다. 오프라 윈프리는 당시 고등학생이었던 열여섯 살 때 이 책을 읽고, 자신의 존재를 깨달아 다시 학업에 집중하며, 방과 후 활동으로 지역 라디오 방송국에서도 일을 시작했다고 한다. 필자는 하우석 작가의 《내 인생 5년 후》를 읽고, 은퇴할 무렵 작가가 되었다. 윌리엄 워즈워스는 이런 말을 남겼다.

"책은 한 권 한 권이 하나의 세계다."

책은 독자에게 언제나 새로운 세계를 펼쳐 준다. 한 권의 연애 소설을 읽으면 책 속의 주인공과 함께 사랑에 빠지고, 자기계발서를 읽으면 용기를 얻어 미래 인생 계획을 다시 세우게 된다. 한 권의 시집을 읽으면 자연이나 인생에 대한 깊은 깨달음을 얻어, 세상을 바라보는 안목이 생긴다. 이렇게 책 한 권한 권이 독자들의 인생을 아름답고 풍요롭게 만들어 준다. 그리고 상상력을 키우고 힘차게 살아가도록 만든다. 다음은 책의 영향력이 얼마나 큰지, 정민의 저서 《미쳐야 미친다》에 실린 조선 시대 한 인물을 소개하고자 한다.

조선 시대 집안 형편이 매우 어려운 한 선비가 책을 팔려고 집 밖으로 가지고 나왔다. 밭을 갈고 있던 한 농부가 선비의 책을 보고 아들 생각이 났다. '밭 갈던 소와 맞바꾸어서 아들에게 책을 주면 어떨까?'라고. 농부는 밭 갈던 소와 책을 맞바꾸어 집으로 가지고 왔다. 농부 부부는 태어난 아들에게 책을 매일 읽혔다. 3살 때 천자문을 떼고, 스무 살도 되기 전에 과거에 합격했다. 이 농부의 아들이 바로 이항로라고 한다. 책은 세상의 이치와 지혜, 역사, 철학이 담겨 있어 '책을 읽는다는 것은 세상을 하나하나 배운다.'라는 뜻이다. 세상을 배워서 자기 것으로 만든 이항로는 조선 시대 훌륭한 유학자로 성리학에 밝았으며, 저서 《화동역사합편강목》 60권과 《벽계아언》 12권 등의 저서를 남겼다고 한다. 토머스 칼라일(Thomas Carlyle)이 이런 말을 남겼다.

"우리들 인간이 세상에서 이루어 좋은 것이나 만들어 놓은 것 중에서 무엇보다도 가장 중요하고 경이로우며 가치 있는 것이 바로 책이다."

4장

누구나 3개월 만에
저서를 남길 수 있다

ⓞⓛ 기획을 어떻게 할 것인가

....
　완벽하다는 건 무엇 하나 덧붙일 수 없는 상태가 아니라, 더 이상 뺄 것이 없을 때 이루어진다.

－ 생텍쥐페리(Saint Exupery)

기획(Planning)이란 무엇인가? 네이버 지식백과에는 다음과 같이 적혀 있다.

"어떤 대상에 대해 그 대상의 변화를 가져올 목적을 확인하고, 그 목적을 성취하는 데에 가장 적합한 행동을 설계하는 것을 의미한다."

책 한 권 쓰는 것은 집 한 채 짓는 것과 같다. 건축에서의 설계는 책 쓰기에서의 기획과 같은 것이다. 박성배 박사의 저서 《내 인생을 다시 쓰는 책 쓰기》에서 '책 쓰기'를 건축에 비유하여 이렇게 소개하고 있다.

건축계의 돈키호테로 불리는 세계적인 건축가 프랭크 로이드 라이트(Frank Lloyd Wright, 1867~1959)는 대지진에도 무너지지 않는 임페리얼 호텔을 지은 사람으로 유명하다. 그는 "어떤 지진에도 견딜 수 있는 호텔을 지어달라."라는 호텔 측 요구도 들어야 하고, 시추 구멍을 뚫는 곳마다 물이

차오르는 악조건인 땅에 호텔 공사를 시작해야 했다. 그는 특별한 설계를 했고, 기초공사에만 2년 동안 매달렸다고 한다. 이렇게 기초공사에 시간만 많이 투자한 것이 아니라, 공사비도 예산의 6배가 더 지출되어 주변 사람들로부터 비난을 받기도 했다. 이렇게 임페리얼호텔은 기초공사 2년을 포함하여 4년 만에 완성된 건물로, 동경 대지진에도 끄떡하지 않았음은 물론 지진 피난처로 이용됐다고 한다. 그 후로 프랭크 로이드 라이트는 일본 건축사에 빛나는 이름이 되었다.

이렇게 대지진에도 불구하고 조금도 손상되지 않은 견고한 건물로 서 있을 수 있었던 것은 건축가가 설계를 잘했기 때문이다. 그리고 설계대로 공사했기 때문이다. 주변 사람들을 의식하지 않고 시간과 비용을 들여 공사한 것이다. 즉 기초공사 2년, 호텔 건물 올리기 2년으로 합 4년 동안 건물을 짓겠다고 설계한 것이다.

약 26년 전에 필자도 건축 설계에 관여한 적 있다. 30여 년 된 흙벽돌로 지은 친정집을 부수고, 양옥으로 짓게 된 것이다. 막내 남동생과 나는 설레는 마음으로 설계도를 그리기 시작했다. 안방, 부엌, 화장실, 거실 등의 위치를 정했다. 방은 세 칸으로 하고, 거실은 넓게 할 것이며, 33평 정도의 집을 짓기로 했다. 그리고 교과서에서 배운 대로 남향집으로 설계했다. 그런데 집의 방향을 도로 쪽으로 두어야 한다는 부모님 의견에 부딪히고 말았다. 그러면 남향집이 아닌 북향집이 되어야 했다. 집 위치도 뒤쪽으로 더 깊숙이 들어가서 지어야 하는데, 전에 있던 집터 그 자리에 지어야 한다는 것이 부모님 의

견이었다.

동생과 내가 설계도는 그렸지만, 설계도대로 집을 짓지는 못했다. 지금 생각하면 집을 짓기 위한 기획 중, 일부만 우리가 관여한 것이다. 기초공사에 쓰이는 자재도 어떠한 것들이 쓰이는지 제대로 알지 못했으며, 자재 비용으로 얼마가 들어가는지도 몰랐다. 다만 집이 완성되려면 3개월 정도 걸린다는 것과 방, 부엌, 거실, 화장실 위치와 전체 예상금액이 대략 5,000만 원 들어간다는 정도만 알고 있었다. 나머지는 건축가의 몫이었다.

지금 생각해 보니, 가장 후회되는 것이 뒤쪽으로 더 들어가 집을 지었으면 얼마나 좋았을까 하는 생각이다. 그래야 앞마당도 넓어질 것이고, 정원도 넓어 보기에도 시원한 집이 되지 않겠는가!

책을 쓰는 데도 기획이 필요하다. 아니 기획은 어느 분야를 막론하고 모두 필요하다. 기획하는 법을 알고 있으면, 직장에서뿐만 아니라 살아가는 데에도 많은 도움이 될 것이다. 그러므로 어떤 일을 추진할 때, 좋은 아이디어가 떠오른다고 해서 무조건 실행에 옮겨서는 안 된다. 즉 철저한 기획이 선행되어야 한다는 말이다. 다이어트를 한다고 해도 기획이 필요하고, 돈을 벌려고 해도 기획이 필요하다. 인생을 살아가는 데도 기획이 필요하고, 친구를 사귈 때도 기획이 필요하다. 이렇게 기획은 모든 분야에서 반드시 요구되는 것이다.

당신은 어떤 책을 쓰고 싶은가? 이 말은 어떤 장르로 책을 쓸 것인가를 말하고 있다. 주제는 무엇으로 할 것인가? 책 제목은 무엇으로 정할 것인가? 독자는 누구로 할 것인가? 그리고 목차는 어떻게 정할 것인가? 등, 이 모든 것을 미리 구상하여 정하는 것이 기획이다. 혹시 책 쓰기의 열정에 사로잡혀 기획하지 않고 무턱대고 초고를 써 내려간다면, 중도에 책 쓰기를 포기하는 경우가 생길 수 있다. 마치 첫 단추를 잘못 끼워 처음부터 다시 단추를 끼우는 상황이 벌어질 수도 있다. 그러므로 책 쓰기에서도 기획이 필요하다.

그러면 책 쓰기 기획에 가장 쉽게 접근하는 방법은 무엇일까? 그것은 지금 직장에서 하는 전문적인 업무나 자신의 특기 및 취미생활, 그리고 일상생활에서 몸소 겪은 경험에 접근하는 것이다. 경험에서 얻은 지식과 깨달음, 삶의 노하우, 삶의 철학, 가치관 등을 바탕으로 퍼스널 브랜딩이 가능한 책을 기획하는 것이다. 즉 자신의 경험을 통해서 얻은 것들을 바탕으로 어떤 장르로 쓸 것인지, 주제와 제목, 대상 독자, 목차를 정해야 하는 것이다. 그리고 하루 중 어느 시간대에 집필할 것인지도 정해야 한다.

요즘 젊은이들은 늦게 자고 늦게 일어나는 경향이 있어 대부분 늦은 밤에 책 쓰기를 할 확률이 높은데, 직장인이라면 온종일 업무와 그 외 일들로 시달렸기 때문에 머리가 맑지 못할 것이다. 이런 피곤한 상태로 노트북 앞에 앉게 되면 앉자마자 졸음이 쏟아질 것이므로, 좋은 원고는 기대하기 어렵게 될 것이다. 또한, 가정이 있는 직장인이라면 귀가하여 가족들과 함께해야 하는 시간도 필요할 것이다. 그러므로 작가로서 새벽형을 추천한다. 새벽 4시 즈음 기상하여 2시간 정도 원고를 쓰고 출근 준비하는 것이 어떨까? 여러 상황을 고려할 때 새벽은 가장 생산적으로 원고를 쓸 수 있는 시간이다. 그리고 새벽은 하루 중, 기운이 가장 왕성할 때이므로 밤에 쓰는 원고량보다 훨씬 많은 양의 원고를 쓸 수 있다. 그뿐만 아니라, 쓰고자 하는 내용을 놓치지 않고 잘 써 내려갈 수 있다.

그러면 글씨체는 무엇으로 할까? 한글 워드에서 바탕체 10포인트로 하는 것이 가장 좋다. 바탕체를 인쇄했을 때 가장 편안하게 읽을 수 있고, 글자에서 한 획도 빠짐없이 온전하게 잘 보이기 때문이다.

책 한 권 쓰기 위해서 원고 분량은 어느 정도로 해야 할까? A4용지 110~120매 정도의 원고를 쓰면 된다. 전체 3장으로 할지 4장으로 할지, 아니면 5장, 6장 또는 7장으로 할지는 작가가 정해야 한다. 전체 몇 장으로 할지를 먼저 정해야 각 장 소제목의 개수를 정하게 된다. 필자는 첫 책을 쓸 때부터 나의 자기계발서는 모두 전체 5장 38개의 소제목으로 구성하여 써야겠다고 정해 놓았다. 첫 개인 저서가 전체 5장으로 38개의 소제목으로 구성했고, 두 번째 저서도 전체 5장, 38개의 소제목으로 구성했다. 지금 쓰고 있는 세 번째 저서도 전체 5장, 38개의 소제목으로 기획하여 쓰는 중이다.

소제목의 원고 분량은 어느 정도로 써야 할까? 소제목당 2.5매의 원고를 쓰면 된다. 즉 바탕체 10포인트로 2페이지 반이다. 이렇게 하여 원고 분량을 계산하면 소제목 38개 × 3매(2.5매가 아님) = 114매이다. 1장과 5장은 소제목 7개씩 기획했고, 2장, 3장, 4장은 소제목 8개씩으로 기획했다. 각 장의 소제목 개수도 작가가 융통성 있게 정하면 된다.

소제목 하나씩 완성하여 38개의 파일을 합치는 것보다, 각 장으로 나누어 소제목 하나씩 써서 각 장에 붙이고, 전체 5장을 합하면 매우 편하게 편집할 수 있다.

아무리 훌륭한 주제에 관해 책을 쓰기 시작했다고 해도, 철저하게 기획을 하지 않았다면 모래 위에 성을 쌓는 격과 같다. 원고를 쓰다가 방향을 잃어서 결국은 책 쓰기 첫 단계인 기획으로 되돌아가고 말 것이다. 그러므로 처음부터 기획을 철저히 하여, 견고한 임페리얼 호텔 건물을 세우듯이 책 쓰기를 해야 할 것이다. 로버트 A. 하인 라인(Robert A. Heinlein)이 이런 말을 남겼다.

"명확히 설정된 목표가 없으면 우리는 사소한 일상을 충실히 살다가 결국 그 일상의 노예가 되고 만다."

02 어떤 장르와 주제로 쓸 것인가?

유홍준의 《나의 문화유산 답사기》를 읽은 적이 있다. 읽은 내용 중에 지금
도 생생하게 기억나는 문구가 있는데, "사랑하면 알게 되고 알면 보이나니,
그때 보이는 것은 전과 같지 아니하니라."이다. 책 쓰기도 마찬가지이다. 내
가 만나는 사람들에게 책을 써보라고 권하면 "내가 어떻게 책을 써요? 책은
아무나 쓰지 않잖아요."라고 말한다. 그러나 책 쓰기에 관하여 한번 배운다
면 생각이 달라질 것이다. "배우면 알게 되고 알면 보이나니, 그때 보이는 것
은 전과 같지 아니하니라."라고 말하고 싶다.

그러면 책 쓰기 장르와 주제에 어떻게 접근할까? 어떤 장르로 써야 할지
먼저 고민이 될 것이다. 그런데 시를 쓰는 것도 아니고 소설을 쓰는 것도 아
니므로, 심각하게 고민할 필요가 없다. 초등학생들도 쓸 수 있는 수필을 쓰는
것이다. 수필의 대표적인 것이 일기인데, 일기의 독자는 자기 자신이므로 자

신이 아닌 대상 독자를 염두에 두고 쓰면 된다. 즉 자신이 겪은 경험을 바탕으로 자신의 생각, 가치관, 삶의 철학, 삶의 노하우 등 자신만의 스토리를 담아 써 내려가는 것이다. 독자들은 자신이 겪지 않은 다른 사람들의 특별한 삶에 대해 읽고 삶의 지혜를 얻고자 한다. 사업에 성공한 이야기, 사랑과 전쟁 이야기, 공부에 관한 이야기, 유학 시절에 겪은 이야기, 맛집 이야기, 직장에서의 에피소드 등, 찾아보면 이 외에도 많다.

잠깐 장르에 대해 언급하려고 한다. 장르에는 시, 소설, 수필, 희곡, 시나리오, 평론이 있다. 편지, 일기, 자기계발서, 여행서, 자녀교육서, 학습서, 건강서, 요리책 등 자신의 경험을 바탕으로 형식이 없이 자유롭게 썼다면 모두 수필에 속한다. 그런데, 요리책 중 김치 담그는 방법, 계란찜 만드는 방법, 멸치볶음 만드는 방법 등 독자의 이해를 돕기 위해 글을 썼다면 그 요리책은 설명문에 속한다. 책을 쓰려면 이렇게 먼저 장르를 정해야 하는데, 책을 처음 쓰는 초보 작가라면 수필을 쓰는 것이 좋다.

수필은 형식이 없다. 즉 무형식이 형식이다. 인생이나 자연, 일상생활에서의 느낌이나 깨달음을 생각나는 대로 쓰는 것으로 산문 형식의 글이다. 수필의 글감은 어디에서 찾아도 좋다. 즉 생활 경험, 자연 관찰, 사회 현상에 대한 새로운 발견이나 느낌 등이면 무엇이나 다 좋다. 그 소재가 무엇이든지 수필가의 독특한 개성에 따라 쓰면 된다. 수필은 소설이나 희곡처럼, 플롯이나 클라이맥스를 요구하지도 않는다. 수필가가 쓰고 싶은 대로 쓰면 되는 것이다. 일기 쓰듯이 쓰다가 대화문을 써도 되고, 풍경 묘사를 하다가 편지글이

들어가도 좋다. 어떤 인물에 관한 이야기를 써도 되고, 감상을 넣어도 된다. 형식에 구애받지 않고 작가가 쓰고 싶은 대로 쓰는 것이 수필이다.

필자의 첫 개인 저서에 이어, 두 번째 저서가 모두 자기계발서로 수필에 속한다. 이 두 권을 쓴 후, 나는 책 쓰기 전도사가 되었다. 누구에게서라도 일상생활이 무료하다는 얘기를 하면 그 즉시 나는 책을 써보라고 권한다. 그런데 책을 써보겠다고 선뜻 대답하는 사람은 매우 드물다. 대부분 사람이 책을 쓰고 싶어는 하지만, 책 쓰기에 엄두를 내지 못하고 있다는 것을 알 수 있었다. 그런데 책 쓰기는 글쓰기와는 다르다. 셰익스피어나 김형석 교수처럼 명문을 쓰는 글쓰기가 아니다. 주제와 제목을 정하고 목차를 잡아 일기 써 내려가듯이 쓰는 것이 책 쓰기이다.

올해 필자는 34년 교직 생활을 마무리하는 해이다. 즉 명퇴를 준비하고 있다.

작년에 첫 개인 저서를 '어떤 내용으로 쓸까?' 하고 많이 고민했었다. 결론은 나의 첫 책이니만큼 '나를 알리자.'라고 생각하면서, 나의 출생과 성장, 학창 시절 이야기, 중등 국어교사로서 교직 생활에 대한 회상과 보람, 동시인 등단, 삶에서 고통은 있어도 절망은 없다는 깨달음, 인생은 퍼즐과도 같아 살아간다는 것은 퍼즐 맞추기와 같다는 것, 우리 인생은 하나님의 계획안에 있다는 깨달음, 산다는 것은 그 자체가 축복이며 훌륭한 인생 교과서를 만들어가는 과정임을 책 속에 담았다.

또한, 그동안 몰랐던 책 쓰기의 유익한 점을 통해, 인생을 바꾸고 싶다면 자신의 책을 쓸 것을 말했다. 아울러 한 번뿐인 인생에서 책 쓰기는 선택이 아니라 필수임을 강조하고, 책 쓰기 절차를 담았으며. 마지막은 작가의 꿈을 꾸는 이들에게 보내는 편지로 마무리했다. 은퇴를 앞두고, '인생 제2막을 위해 준비해야겠다.'라고 생각하고 책 쓰기를 시작한 것이다. 이렇게 시작하여 지금 세 번째 책을 쓰고 있는데, 시간은 조금도 지체하지 않고 쏜살같이 날아가고 있다. 이렇게 화살과 같이 날아가는 시간을 붙잡으려면, 어떻게 해야 할까? 날아가는 시간의 속도 만큼 나의 꿈을 향해 달려가는 것이다.

이제 당신이 어떤 책을 쓸 것인지 생각해 보았을 것이다. 당신의 경험을 통해 얻은 깨달음, 지식, 삶의 노하우, 삶의 철학, 가치관 등이 담긴 책을 쓰고 싶을 것이다. 그리고 책 쓰기에 쉽게 접근할 수 있는 형식이 없는 무형식의 수필을 써야겠다고 결론을 내렸을 것이다. 그동안 어떻게 살아왔으며, 현재 어떻게 살고 있으며, 앞으로 어떠한 꿈을 향해 달려갈 것인지에 대해 자유롭게 쓰게 될 것이다. 이렇게 책 쓰기를 통해, 자신의 재능이 계발되고 자신이 성장하게 된다면 자기계발서를 쓰는 것이다.

그다음 책 쓰기의 주제를 정하는 가장 좋은 방법은 무엇일까? 그것은 위에서도 언급했지만, 자신이 현재 일하고 있는 직장에서 전문적으로 하는 일과 연관 짓는 것이 가장 좋다. 왜냐하면, 직장인들은 자신의 전문 분야에 관해 가장 잘 알고 있으므로 가장 잘 쓸 수 있기 때문이다. 자신의 업무를 바탕으로 책을 쓰게 된다면 내용을 더욱 풍성하게 할 수 있고, 전문성을 나타낼 수 있기 때문이다. 그리고 독자들에게 필요한 정보, 즉 경험을 통해 얻은 깨달음이나 지식, 철학, 삶의 노하우를 전달하여 도움을 줄 수 있기 때문이다. 《내 인생 5년 후》의 저자 하우석 교수도 자신의 전문 분야에 관한 책을 쓰고 자신의 인생을 브랜딩하게 되었다.

또한, 현재 흥미롭게 배우고 있는 것, 즐기는 것을 주제로 책을 쓰고 메신저로 활동할 수 있다. 실제로 로리 마레로(Lorie Marrero)는 정리정돈을 즐겨, 정리정돈에 관한 주제로 쓴 책《잡동사니 버리기》를 출간하여 '정리정돈의 메신저'로 활동하고 있다. 이렇게 독자의 감성을 자극할 수 있는 베스트셀러의 스토리를 누구나 가지고 있으므로, 이제 당신도 책 쓰기를 시도해보기를 바란다.

이렇게 작가는 독자가 원하는 것을 보여 줄 수 있는 사람이어야 한다. 독자가 공감할 수 있는 주제를 선택할 줄 알아야 한다. 이 세상을 움직이는, 감성을 자극할 수 있는 스토리와 이미지를 끌어낼 수 있는 사람이어야 한다. 무엇보다도 작가는 자신의 저서를 통해 독자들이 얼마나 자극을 받고 얼마나 공감하며 읽을 것인가를 생각하며 글을 써야 한다. 놀란 부쉬넬(Nolan Bushnell)은 이런 말을 남겼다.

"가장 중요한 것은 당장 자리에서 일어나서 무언가를 하는 것이다."

지금 자리에서 벌떡 일어나 노트북 앞에 앉길 바란다. 자신의 경험이나 삶의 철학, 삶의 노하우를 당신 특유의 언어와 문체로 써 내려가길 바란다. 이 세상에 하나뿐인 당신의 특별한 이야기로 독자들에게 삶의 자극을 주기 바란다. 당신에게 매우 고마워할 것이다. 생각이 떠올라 쓰는 것이 아니라, 쓰기 때문에 영감이 떠올라 쓰게 될 것이다. 계획된 시간에 노트북 앞에 앉아 자판을 두드리다 보면, 좋은 글감들이 쏟아져 나와 그다음 내용을 잇고 또 잇게 될 것이다. 제임스 패터슨(James Patterson)의 다음 말처럼, 친구에게 이야기하듯이, 또는 자녀에게 이야기하듯이 쓰면 될 것이다.

"글을 쓰기 전에는 항상 내 앞에 마주 앉은 누군가에게 이야기를 해주는 것이라고 상상하라. 그리고 그 사람이 지루해 자리를 뜨지 않도록 설명해라."

03 최고의 책 제목과 목차는 어떻게 정할까?

인간은 한 권의 책을 쓰기 위해 도서관을 절반 이상 뒤진다.

— J. 보즈웰(J. Boswell)

J. 보즈웰이 남긴 말을 생각하면, 한 권의 책을 쓴다는 것은 그리 쉽지 않음을 알 수 있다. 특별히 최고의 책 제목과 목차 정하기는 책 쓰기에서 중요한 과정으로, 가볍게 생각하고 정해서는 안 된다.

그러면 최고의 책 제목과 목차는 어떻게 정할까? 지금은 인터넷 시대로, 온라인 서점에서 경쟁도서와 관련 도서의 제목과 목차를 얼마든지 출력해 볼 수 있다. 즉 이미 출간된 책 제목과 목차 탐색을 통해 모방이나 창조해 낼 수 있다는 말이다. 그리하여 경쟁도서보다 더 나은 제목과 목차를 만들어낼 수 있다. 오프라인 서점이나 도서관을 뒤지는 것보다, 몇십 배 훨씬 수월하니, 이 시대 작가들은 얼마나 편리한 시대에 살고 있는가! 독일 격언에 이런 말이 있다.

"좋은 이름을 가진 자는 인생의 반은 성공한 것이다."

인생의 반은 좋은 이름에서 이미 정해지듯이 책 제목을 잘 지으면 작가로서 반은 성공한 셈이다. 그러면 인생을 브랜딩하는 책 제목을 정하기 위해 얼마나 고민하고 노력하면 될까?

윤영돈 코치의 유튜브 '책 쓰기 마스터 학교' 2강에서 제목을 잘 짓는 방법 10가지를 소개한다.

첫째, 끌어당기고 싶은 문고리(Door Handle)와 같은 제목인가?

책 제목을 보고 손으로 집고 문을 열고 책 내용으로 들어가는 것이다. 책 제목이 독자를 끌어당기는 힘이 없으면, 결국 문이 열리지 않는다. 궁극적으로 책이 생생하게 살아 있는 이야기가 무엇인지 표현해주어야 한다.

둘째, 한번에 파악할 수 있는 직관형 제목인가?

제목은 직관적(Intuitive)이어야 한다. 예를 들면, 도미니크 오브라이언(Dominic O'Brien)의 저서 《뇌가 섹시해지는 책》처럼, 스쳐 지나가면서 보더라도 직관적이어야 기억할 수 있다. 당시의 뇌가 섹시하다는 표현이 SNS에서 주목받고 있었다. 두 번, 세 번 생각하게 만드는 제목은 피하는 것이 좋다.

셋째, 명확한 대상(Target)이 있는 제목인가?

일반적으로 명확한 대상에게 메시지를 전송하기 위해서는 제목이 시작되는 부분에 누구에게 이야기하는지 분명해야 한다. 《마흔에 읽어야 할 손자병법》, 《50세부터 인생관을 바꿔야 산다》처럼, 대상자를 분명히 제목에 명시하는 방법이다.

넷째, 시대를 읽는 키워드(Keyword)가 있는 명사형 제목인가?

시의성(時宜性)이 있어서 독자가 책을 구매하게 만드는 제목이면 좋다. 예를 들면, 《블루오션》, 《88만 원 세대》처럼, 시대의 흐름을 대변하는 상징어의 제목이다.

다섯째, 스토리텔링이 될 수 있는 비유형 제목인가?

출판사 입장에서는 기억하기 쉽고 강렬한 책 제목을 정하는 데 거의 사활을 걸고 있다. 많이 쓰는 방법이 시에서 차용하는 경우가 많다. 이때 《나쁜 사마리아인》, 《사다리 걷어차기》, 《술 취한 코끼리 길들이기》처럼, 스토리텔링이 될 수 있는 비유가 들어가면 좋다.

여섯째, 반전이 있는 역설형 제목인가?

제목을 보고 책 전체 뉘앙스를 유추할 수 있어야 하지만, 새로운 반전을 주어야 한다는 것이다. 《적을 만들지 않는 대화법》, 《미움을 받을 용기》처럼, 역설형 제목이다.

일곱째, 호기심을 자극하는 질문형 제목인가?

《정의란 무엇인가》, 《어떻게 원하는 것을 얻는가》, 《어떻게 나를 최고로 만드는가》 등 질문형 제목은 호기심을 자극할 수 있다. 그리고 독자들의 궁금증을 단박에 풀어줄 것 같아 다들 좋아한다.

여덟째, 주어와 동사가 있는 문장형 제목인가?

제목만 보더라도 독자가 책 내용을 어느 정도 알 수 있도록 해야 한다. 《나는 나로 살기로 했다》, 《나는 단순하게 살기로 했다》, 《나는 까칠하게 살기로 했다》처럼, '나는'으로 바꾸는 것도 널리 쓰는 주어형 제목이다.

아홉째, 해결책이 있고, 구체성이 있는 제목인가?

《책 잘 읽는 방법》, 《막막할 때마다 꺼내 읽는 면접책》처럼, 실용적인 정보, 유용한 조언, 속 시원한 해결책을 제시해줄 것이라고 기대하게 만든다.

열째, 수치가 포함된 제목인가?

제목에서 숫자로 정리한다면 구체적으로 보일 수 있다. 《1등의 습관》, 《1cm 다이빙》, 《1그램의 용기》, 《1.4킬로그램의 우주, 뇌》처럼 정확한 숫자로 정리할 경우 구체적인 것을 기대하게 된다.

책 제목은 최고의 마케팅 수단으로, 책 제목이 좋으면 그 책의 판매 수명이 길 수밖에 없다. 그래서 베스트셀러는 바로 책 제목이 좋은 책이다. 책을 펴보기 전에 제목만 보아도 이 책이 무엇을 말하려는지 알 수 있고, 독자들의 눈을 사로잡아 구매로 이어지기 때문이다. 김난도 교수의 《아프니까 청춘이다》는 출간된 지 1년도 되지 않아 100만 부가 넘게 팔린 베스트셀러가 되었다. 제목에서처럼 청춘들에게 위로와 격려, 희망의 메시지를 확실하게 전달해주었기 때문이다.

다음은 목차 정하기이다. 독자들이 책을 살 때, 제일 먼저 책 제목을 보게 되지만, 제목만 보고 책을 구매하지는 않는다. 바로 목차를 확인하기 때문이다. 목차를 보면 작가가 무엇을 쓰고자 했는지 한눈에 알아볼 수 있다. 따라서 작가는 쓰고자 하는 내용을 목차에 잘 나타낼 수 있도록 구성해야 한다. 목차는 책 쓰기의 방향을 잡아주어, 곁길로 새지 않고 쓰게 만든다.

그러면 세련된 목차는 어떻게 정할까? 경쟁도서 및 관련 도서의 목차를 꼼꼼하게 살펴보고 모방 및 창조를 하면 된다. 예를 들어, 조엘 오스틴(Joel Osteen)의 책 제목《긍정의 힘》에서 독서 관련 장제목을 하나 만든다면 '1장 독서의 힘'이라고 정할 수 있다. 그리고 정호승의 산문집 제목인《내 인생에 힘이 되어준 한마디》에서 소제목을 하나 만든다면, '내 인생을 변화시킨 말 한마디'라고 할 수 있다. 이렇게 각 장과 각 장의 소제목을 모방과 창조를 통해 만들면 된다. 각 장과 소제목이 목차이므로, 목차를 정했다면 책 쓰기의 절반은 이루어졌으니, 이제 쓰기 시작하면 된다.

작년에 학교 도서관 담당 선생님이 오래된 책 일부를 폐기하고 새로운 책을 구매한다고 교직원들과 학생들에게 광고했다. 그래서 폐기할 책 목록을 작성하여 결재를 받은 후 도서관 내에서 구별해 놓을 테니, 가져갈 책 제목을 기록하여 제출하고 책을 가져가도 좋다고 했다. 나는 그 광고를 듣고 얼마나 좋던지, 물고기가 물을 만난 듯 도서관을 수없이 들락날락했다. 그동안 학교 업무로 바빠 읽지 못한 책들을 골라야겠다고 생각했기 때문이다. 그리고 수업이 없는 시간과 쉬는 시간에 도서관에 들러 책을 고르기 시작했다.

제일 먼저 책 제목을 보게 되었다. 그동안 읽고 싶었던 제목의 책이면 챙겨 놓고, 낯선 제목이면 어떤 내용의 책인지, 목차를 보게 되었다. 제목이 마음에 쏙 들어 책을 들었다가도, 목차가 전혀 마음에 들지 않아 그 자리에 다시 놓곤 했다. 이렇게 책을 들었다가 목차를 보고 실망하여 놓게 된 책들이 여러 권이었다. 이만큼 목차 정하기가 책 쓰기에서 비중이 크다는 것을 책 고르기를 통해 몸소 체험했다.

이렇게 도서관에서 고른 책 들 중, 몇 권을 소개하면, 서울대 교수 박동규 엮음의《세계 명언》, 정호승 산문집《내 인생에 힘이 되어준 한마디》, 김하 편역《탈무드 잠언집》, 존 번연의《천로역정》등이다. 이런 책들은 모래밭에서 진주를 발견한 듯, 내 눈이 확 뜨였고, 앞으로 나에게 얼마나 큰 영향을 줄지 기대가 된다. 이 책들을 골라 들었을 때 얼마나 기쁘던지, 가슴이 쿵쾅거려서 나는 책을 가슴에 꼭 껴안고 뛰는 가슴을 좀 진정시켜야 했다.

04 경쟁도서의 내용을 분석하라

'경쟁'에 대해 논할 때, 꼭 따라붙는 한자성어가 있다. 바로 지피지기(知彼知己)이면 백전백승(百戰百勝)이다. 이 말의 뜻은 상대방을 알고 나를 알면 백 번 싸워도 백 번 이긴다는 것인데, 이 말은 본디 없던 말이다. 본말은 지피지기(知彼知己)이면 백전불태(百戰不殆)이다. '상대를 알고 나를 알면 백 번 싸워도 위태롭지 않다.'라는 뜻이다. 즉 '상대편과 나의 약점 및 강점을 충분히 알고 승산이 있다고 생각될 때 싸움에 임하면 이길 수 있다.'라는 말이다.

아프리카 오트볼타공화국의 정치군인 토마스 상카라(Thomas Sankara)는 황폐해지는 조국을 바라보면서 문제의식을 깨닫고, 다방면으로 해결책을 찾고자 노력했다. 그 결과, 5대 대통령에 취임하게 되는데, 그는 국명을 오트볼타공화국에서 '정직한 사람들의 나라'라는 의미인 부르키나파소로 개명하고 국가와 국기까지 모두 바꾼다. 그리고 경제 계획, 행정구역 재편성, 여러 학교를 설립하는 등 다방면의 개혁 정책으로 국가를 새롭게 탄생시킨다. 그러나 샹카라의 진취적인 행보는 주변 국가의 독재자들에게 위협적인 모습으로 비치었고, 그들에게 포섭된 반대파의 손에 그만 암살당하고 만다. 새로 권력을 잡은 반대파는 샹카라의 모든 정책을 이전 상태로 되돌려 놓게 되고, 결국 부르키나파소는 다시 황폐해진 국가가 된다.

이렇게 국민은 어떤 대통령을 만나느냐에 따라 한 국가가 흥하는 것을 볼수도 있고, 망하는 것을 볼 수도 있다.

책 쓰기에서도 어떤 도서를 만나 읽고 쓸 것인지는 매우 중요하다. 초보 작가가 양서가 아닌 악서를 읽고 쓸 때, 그 악서가 책 쓰기의 표준인 줄 알고 잘못 배울 수가 있다. 경쟁도서로서 양서를 읽고 충분히 분석한 후 책을 쓸 때, 그 양서와 비슷하든지 아니면 양서보다 업그레이드된 책을 쓸 수 있게 된다.

그러면 경쟁도서란 어떤 도서인가? 바로 자신이 기획하고 있는 책 쓰기 분야의 베스트셀러 및 관련 도서를 말한다. 초보 작가들은 경쟁도서의 분석을 통해 독자들이 무엇에 관심을 두고 있는지, 무엇으로 위로받고 싶어 하는지, 무엇으로 삶의 활력소를 찾고자 하는지를 알 수 있게 된다. 이렇게 작가가 독자들이 원하는 것을 채워줄 때 독자로부터 호응을 얻게 된다.

경쟁도서를 분석하기 위해 김병완 작가의 책을 구매하여 읽었다. 《누구나 작가가 되는 책 쓰기》와 《기적의 책 쓰기》이다. 이 책 속에서 김병완 작가를 만났다. 그는 10년 동안 100권의 책을 썼으며, 책 쓰기 코칭을 하고 있었다. 대기업 삼성을 다니다가 직장인으로서 회의를 느껴 책을 읽고 책을 썼으며, 책 쓰기 코칭을 하는 작가였다. 책 속에 이런 내용이 있었다.

"글쓰기 문장 쓰기에 정답은 없다. 하지만 비결이나 원칙은 있다. 우주에는 통일 된 질서가 없는 듯하지만 분명한 질서가 존재한다. 글쓰기도 마찬가지다. 반드시 지 켜야 하는 원칙과 준수해야 할 기준이 존재한다. 필자가 3년 동안 200명을 출판사와 계약시키면서 깨달은 글쓰기의 원칙 중 가장 주요한 원칙은 글쓰기의 비결 중의 비 결이 '간결한 글쓰기'라는 것이다."

– 김병완, 《기적의 책 쓰기》 중

또한, 처음 세 문장은 무조건 재미있게 쓰라고 했다.

"필자가 많은 책을 읽고 많은 예비 작가에게 책 쓰기 수업을 진행하면서 깨달은 한 가지 사실은 잘 팔리고 잘 읽히는 책들 대부분은 첫 세 문장이 매우 재미있거나 호기 심을 자극하는 문장들로 이루어져 있다는 것이다.

필자는 책을 읽을 때 가장 먼저 처음 세 문장을 빨리 읽는다. 그 첫 세 문장이 재미 있거나 호기심을 자극하면 계속해서 읽지만, 밋밋하거나 흥미롭지 않으면 다른 책에 손을 내미는 경우가 많다. 첫 세 문장으로도 그 책의 재미와 수준, 내공을 다 알 수 있기 때문이다. 위대한 소설들 역시 이 원칙이 옳음을 보여준다. 《이방인》이나 《노인 과 바다》 등 위대한 소설들이 첫 세 문장을 얼마나 재미있고 호기심이 가도록 썼는지 찾아보라."

－김병완, 《기적의 책 쓰기》 중

김병완 작가의 저서를 통해 나도 학생들에게 이미 가르쳐왔던 내용인 '글은 간결하고 재미있게 써야 한다.'라는 글쓰기의 비결을 다시 한번 확인하게 되었다. 그러면 경쟁도서를 충분히 분석하기 위해서는 몇 권의 책을 읽고 쓰면 좋을까? J. 보즈웰의 말을 빌리자면 한 권의 책을 쓰기 위해서는 도서관 절반 이상을 뒤져야 한다고 했는데, 도대체 몇 권을 읽으라는 것일까? 이 말은 책의 권수를 말하기보다는 경향을 분석할 정도로 충분히 읽으라는 뜻으로 이해된다. 그래도 초보 작가라면 적어도 20권 정도의 경쟁도서를 분석하고 책을 써야 자신감 있게 쓸 수 있지 않을까!

그러면 기성작가들은 독서는 하지 않고 꾸준히 책 쓰기에만 몰두하고 있을까? 아니다. 기성작가 역시 경쟁도서를 꾸준히 읽고 써야 경쟁도서에서 밀리지 않고 독자의 호응을 얻을 수 있는 책을 쓰게 된다. 아니 기성작가가 오히려 독서의 중요성을 더욱 잘 알고 있으므로, 꾸준한 독서를 통해 쓰다가 읽고, 읽다가 또 쓰게 된다.

필자는 20여 권을 읽고 책을 쓰기 시작한 것은 아니다. 책을 쓰면서 독서를 병행했다. 20여권을 읽고 책을 써야 한다는 말을 듣고 20권의 책을 사기는 했다. 그런데 세 권 정도를 읽으니 빨리 쓰고 싶어졌다. 읽고만 있을 수가 없었다. 책을 쓰다 보니 또 책을 읽고 싶었다. 책을 쓰면서 과거에 읽었던 책을 다시 읽었고, 최근 출간된 책을 구매하여 읽기도 했다. 그동안 독서를 꾸준히 해온 사람이라면 경쟁도서 세 권만 꼼꼼하게 읽어도 책 쓰기의 방향을 알아차리게 될 것이다. 그리고 책을 빨리 쓰고 싶어 노트북 앞에 앉게 될 것이다. 10권 정도 읽으면 베스트셀러를 넘보게 될 것이다.

이지성 작가는 《리딩으로 리드하라》를 쓰기 위해 100여 권의 경쟁도서를 분석했다는 말이 있다. 이 말은 베스트셀러를 쓰는 비결이 경쟁도서를 충분히 분석하는 데 있다는 뜻이리라. 그는 기성작가로서 이미 인기작가였는데도 그렇게 많은 경쟁도서를 읽고 책을 써 베스트셀러를 탄생시킨 것이다.

이제 당신은 어떤 책을 쓰고 싶은가? 당신이 쓴 책이 출간 당시에는 독자들의 눈길을 끌지 못하다가 어느 순간 베스트셀러로 탄생할 수도 있다. 반대로 출간 당시에는 베스트셀러의 대열에 올랐다가 시간이 지남에 따라 서서히 사장되는 책이 될 수도 있다. 베스트셀러를 탄생시키든, 발간되자마자 사장되는 책이든, 당신이 쓰는 책은 이 세상에서 하나뿐인 책으로 매우 귀하고 소중한 유산이 될 것이다.

자기계발서는 무궁무진하다. 자신이 어떤 주제로 책을 쓸 것인지, 독자층을 누구로 할 것인지를 먼저 정하고, 경쟁도서를 찾아 분석하길 바란다. 그런 후에 책을 쓴다면 편안한 마음으로 집필할 수 있게 될 것이다. 경쟁도서들을 읽되, 눈으로만 읽지 말고 밑줄을 그으면서 읽길 바란다. 밑줄을 그어 놓으면 책을 쓰다가 참고하고 싶어질 때 쉽게 찾아볼 수 있게 된다. 읽고 있는 저서의 강점과 약점은 무엇인지, 개선점과 본받을 점이 무엇인지도 분석하여 기록해 두면 좋다. 또한, 자신이 쓰고자 하는 주제와 경쟁도서가 같다면, 무엇을 차별화할지 분석하고 쓰면 좋겠다.

"성공은 매일 반복한 작은 노력들의 합이다."

로버트 콜리어(Robert Collier)의 말이다. 작가는 책을 쓰면서도 날마다 책을 읽어야, 그 독서의 힘으로 베스트셀러를 만들어낼 것이다. 기획한 목차를 항상 머릿속에 넣고 다니든지, 아니면 출력하여 가방 속에 넣고 다니면서 경쟁도서를 분석할 때, 경쟁도서보다 업그레이드된 책을 쓸 수 있게 된다.

05 소제목에 어울리는 사례를 찾아라

위의 명언대로 책을 쓴다면, 보나 마나 베스트셀러이다. 당신만이 전할 수
있는 특별한 이야기로, 지금까지 세상에 나오지 않은 유일한 책이 될 테니까.

약 25년 전, 교회에서 합창대회가 있었다. 남성들은 양복을 입어야 했고,
여성들은 한복을 입어야 했다. 직장에서 퇴근하여, 결혼할 때 입었던 연두색
저고리에 다홍치마인 한복을 꺼내 입어보았다. 한복이 마음에 쏙 들지는 않
았지만, 그런대로 입을 만했다. 신발장으로 가서 꽃고무신을 꺼내 신었다.
그런데 결혼한 지 5년이나 되었기 때문에 낡아 더는 신을 수가 없었다. 시간
을 내어 한복에 어울리는 예쁜 꽃고무신을 구매했다. 그리고 한복을 다시 입
고 꽃고무신을 신어 보았다. 그런데 이젠 새 꽃고무신에 한복이 어울리지 않
았다. 새 신에 어울리는 한복이 있어야 했다. 그래서 상하 진달래꽃 색상으로
한복을 맞추었다. 며칠 후, 한복을 찾아 입고 꽃고무신을 신어 보았다. 이젠

그 무엇도 흠잡을 데 없이 합창대회 복장은 완벽하게 준비되었다.

책 쓰기에서도 마찬가지이다. 소제목에 어울리는 사례를 찾아 써야 한다. 사례가 어울리지 않으면 갓 쓰고 구두 신은 격이 돼버린다. 부자연스럽고 의미 전달도 모호해진다. 그러면 소제목에 어울리는 사례를 어디에서 어떻게 찾을까?

초보 작가들은 주로 자신의 경험, 지식, 깨달음에서 사례를 찾으려고 한다. 그러나 자신의 경험과 지식에는 한계가 있다. 눈을 조금 돌리면 주변 사람들의 삶의 이야기가 많다. 형제자매 이야기, 친구 이야기, 이웃 이야기 등 사례가 무궁무진하다. 그 외 독서를 통해 사례를 갖다 쓸 수 있다. 책 속에는 많은 사례가 줄을 잇고 있다. 또한, 영화나 SNS, 뉴스에 보도된 내용 등을 사례로 쓸 수 있다. 이렇게 사례는 어디서든지 찾아서 쓸 수 있다. 다만, 여기에서 주의할 것은 사례의 출처를 밝혀야 한다는 점이다. 이웃 이야기를 쓸 때 굳이 이름을 밝힐 필요는 없지만, 책이나 영화, SNS, 뉴스에 보도된 내용의 출처는 밝혀야 한다.

예를 들면, '기존의 취업방식, 틀을 깨다.'라는 소제목으로 글을 쓰려고 할 때, '뉴스에 보도된 내용'을 사례로 갖다 쓸 수 있다.

〈시빅 뉴스(CIVIC news)〉에서 박준우 기자가 2016년 10월 10일에 '1억

연봉 뿌리치고 월 1회 출근하는 회사에서 행복 만끽'이라는 제목으로 취재해 올린 글이다. SNS에서 '나를 팝니다.' 취업 세일즈로 화제를 모았던 유태형 씨의 특별 인터뷰 내용이다.

[유태형 팝니다. 입찰 제안서를 팝니다.]

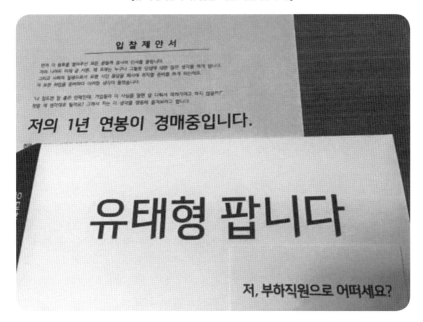

이렇게 '유태형 팝니다.'에 쓰인 명함과 입찰 제안서를 유태형 페이스북에 올렸다. 작년 겨울 SNS에서 화제가 됐던 문구이다. '유태형 팝니다.'는 꽁꽁 얼어붙은 취업 시장에 자신을 매물로 경매를 내놓는 역발상 전략을 내세운 것. 그 주인공은 유태형(29) 씨. 그는 거기에 그치지 않고 출근길에 경기도 판교, 서울 광화문 등을 돌아다니며 "저, 부하직원으로 어떠세요?"라고 적힌

명함을 직장인들에게 건네고 입찰 제안서를 나눠줬다. SNS에서 파급력이 큰 유명 인사들에게도 '유태영 팝니다.'를 공유할 수 있느냐고 일일이 연락했다.

그가 이런 이벤트를 벌인 이유는 무엇일까? 취업 시장에서 번번이 불합격 통보를 받던 그는 어느 날 페이스북에서 '불합격, 자격 미달, 탈락, 오늘 완전히 걷어차인 하루다.'라고 적은 친구의 포스팅을 봤다. 정말 능력 있다고 생각했던 친구였는데, 그는 그날 하루에만 5개 회사에서 퇴짜를 맞았다고 했다. 자신만 힘든 게 아니라는 생각이 들었던 그는 기존의 취업방식의 틀을 깨 보기로 했다. 그리고 기업에 자신을 '세일즈'하기로 했다. 그 결과, 3주 동안 15곳의 기업이 경매에 참여했고, 그중 한 곳은 1억 원의 연봉을, 어떤 곳은 월 1회 근무를 내세우기도 했다.

그가 택한 곳은 월 1회 근무하는 조건을 내세운 스타트업 기업인 '인큐.' 취업의 주체를 뒤집은 그의 도전은 신선한 시도로 받아들여져 많은 취업 준비생들의 박수를 받았다.

이렇게 뉴스에 보도된 내용, SNS 내용도 책 쓰기의 사례로 갖다 쓸 수가 있다.

그러면 사례 찾기는 언제 하는 것이 좋을까? 목차를 정한 후, 소제목별로 사례를 찾아 놓는 것이 좋다. 사례 중심으로 목차를 정하는 것이 아니라, 목차를 먼저 정하고 사례를 찾는 것이다. 소제목별로 사례를 찾아 놓으면, 쓸 때마다 사례를 찾는 번거로움을 덜 수 있다. 그리고 수월하게 책을 쓸 수 있다. 그런데, 사례를 아무리 찾으려고 해도 찾지 못하는 경우도 발생한다. 이런 경우, 어떻게 해야 할까? 우선 찾은 소제목부터 쓰기 시작하고, 찾지 못한 소제목은 늘 가지고 다니면서 찾으려고 노력해야 한다. 그러면 시간이 걸릴지라도 좋은 사례를 꼭 만나게 된다. 사례를 찾을 때, 거창한 것이 아니어도 좋다. 그 소제목에 어울리는 사례이면 된다.

사례는 소제목당 보통 2개 정도 넣는 것이 좋다. 사례가 좀 길다면 1개를 넣어도 되고, 반대로 짧은 사례라면 3개 넣어도 좋다. 베스트셀러를 살펴보면 소제목의 내용에 따라 사례가 적절하게 들어가 있는 것을 볼 수 있다.

이제 당신이 경험한 것들을 회상해 보길 바란다. 지금까지 살아오면서 겪은 많은 경험으로 책 한 권 거뜬히 써낼 수 있다. 혹시 삶의 경험이 부족하다면 독서, 영화, 신문에 보도된 내용을 통해 사례를 끌어오면 된다. 특별히 인생에서 어두운 터널을 지나온 사람은 책을 꼭 썼으면 좋겠다. 인생에서 아픔이 있었던 사람은 아픔이 크면 클수록 독자들에게 위로와 용기를 주는 좋은 책을 쓸 수 있기 때문이다. 그 견디기 힘든 시련을 극복하고, 지금 일상생활로 돌아와 카페에서 차를 마실 수 있는 여유로움을 찾았다면, 분명 베스트셀러를 쓸 수 있다. 또한, 시련을 겪지 않았더라도 자신의 경험, 깨달음, 삶의 노하우, 철학 등을 실타래 풀 듯 글로 풀어내면 베스트셀러가 될 수 있다.

베스트셀러 작가 정호승 씨는 책을 어렵게 쓰지 않고 쉽게 쓰고 있다는 것을 그의 저서를 통해 알 수 있었다. 마주 앉은 누군가에게 이야기하듯 술술 풀어내고 있다.

> "박완서 선생도 마흔이 넘어서야 작가 생활을 시작했습니다. 일찍 시작했다고 해서 반드시 일찍 이룰 수 있는 건 아닙니다. 일찍 핀 꽃이 튼튼한 열매를 맺는다는 보장은 없습니다. 얼마만큼 오랜 시간 동안 참고 견디며 얼마나 정성껏 준비했느냐가 중요합니다.
>
> 집을 짓는 것만 봐도 땅을 깊이 파면 팔수록 건물의 높이가 높다는 것을 알 수 있습니다. 40층짜리 주상복합 아파트를 짓는 걸 보니, 오랫동안 깊게 땅파기만 하고 있었습니다. 반면에 5층짜리 아파트 짓는 걸 보니, '단시일 내에 너무 땅을 얕게 파서 저렇게 해서 지은 집이 과연 튼튼할 수 있을까?' 하고 걱정이 될 정도였습니다."
>
> – 정호승 《내 인생에 힘이 되어준 한마디》

글을 처음부터 잘 쓰는 사람은 없다. 마치 어린아이가 걸음마를 배우는 것처럼, 꾸준히 책을 읽고 생각하고 써야 한다. 이렇게 다독(多讀), 다상량(多商量), 다작(多作), 즉 구양수의 삼다(三多)를 실천하다 보면, 정호승 작가처럼 물 흐르듯이 자연스럽게 글을 쓰는 날이 올 것이다. 앤 라모트(Anne Lamott)는 이런 말을 남겼다.

> "글을 쓸 때 중요한 것은 나 자신을 믿으라고, 무언가가 이뤄질 거라고 자기최면을 거는 것이다."

06 초고 고치기는 헤밍웨이에게서 배워라

....
위대한 글쓰기는 존재하지 않는다. 오직 위대한 고쳐쓰기만 존재할 뿐이다.
- E. B. 화이트(Elwyn Brooks White)

고쳐쓰기는 일차적으로 완성된 초고를 다시 읽으며 점검하는 것이다. 고쳐쓰기는 전체적인 고쳐쓰기와 부분적인 고쳐쓰기로 나뉘는데, 전체적인 고쳐쓰기는 주로 글의 성격이나 목적, 주제에 적합한가를 살피는 작업이다. 그리고 부분적인 고쳐쓰기는 주로 어휘의 사용, 문장 성분의 호응, 접속어의 쓰임을 살펴보는 작업이다. 즉 글쓴이의 의도가 잘 나타났는지, 전체적인 구성에 짜임새가 있는지, 세부적인 내용이나 표현이 적절하고 자연스러운지를 점검하고 수정하는 작업이다. 헤밍웨이가 초고 고치기를 얼마나 잘했길래, 헤밍웨이에게서 배우라고 했을까? 그는 고치면 고칠수록 글의 완성도가 높아져 좋은 글이 된다는 것을 아는 작가였다.

미국의 소설가 헤밍웨이는 1923년 세 편의 단편과 열 편의 시(詩)로 작품 활동을 시작했다. 첫 장편소설 《태양은 또다시 떠오른다》는 거트루드 스타인

(Gertrude Stein) 여사의 지도를 받고 쓴 작품으로 호평을 받기도 했다. 이어서 쓴 대표작 《무기여 잘 있거라》, 《누구를 위하여 종을 울리나》, 《노인과 바다》를 남겼다. 특별히 《노인과 바다》는 퓰리처상, 노벨문학상을 수상한 작품이기도 하다.

헤밍웨이는 "모든 초고는 걸레다."라는 표현을 사용하여 고쳐쓰기를 강조했다. 그리고 다음과 같은 표현으로 '원고는 고치면 고칠수록 좋은 글로 거듭날 수 있음'을 강조했다.

"모든 문서의 초안은 끔찍하다. 글 쓰는 데에는 죽치고 앉아서 쓰는 수밖에 없다. 나는 《무기여 잘 있거라》를 마지막 페이지까지 총 39번 새로 썼다."

위 표현 중에 눈길이 가는 것은 '새로 썼다.'이다. '고쳐 썼다.'라고 하지 않고 '새로 썼다.'라는 말은 '새로 쓰듯이 고쳐 썼다.'라는 말이다. 《무기여 잘 있거라》는 전쟁과 사랑, 인간 존재에 대한 깊이 있는 통찰력을 다룬 소설로, 어니스트 헤밍웨이가 두 번째로 쓴 소설이다. 이 작품은 열아홉 나이에 이탈리아 전선에서 겪은 경험을 바탕으로 쓴 자전적인 소설이다.

그리고 퓰리처상, 노벨문학상을 수상한 《노인과 바다》는 퇴고 과정을 무려 200번이나 거친 작품으로 알려져 있다. 이러한 퇴고 과정을 거쳐 H. 플로베르(Gustave Flaubert)가 말한 문장에서 '일물일어설(一物一語說)'이 적용되었을 것이다. 즉 문장에서 작가가 말하고자 하는 의미를 온전히 전달하기 위해 가장 적절한 단어를 선택하기 위해 고민했을 것이다. 그리하여 문장이 매끄럽게 다듬어지고, 스토리 구조도 더욱 탄탄해졌을 것이다.

《노인과 바다》는 대표적인 고전 명작이므로, 잠깐 소개하려고 한다.

이 작품은 단편소설로 표현이 간결하고 함축적인 의미가 풍부하다. 그리고 가슴을 울리는 비극적인 요소를 갖춘 모험 소설로, 명작의 면모를 두루 갖추고 있다. 내용은 한 늙은 어부가 멕시코까지 항해를 떠나고, 그곳에서 이전에 결코 잡아본 적 없는 대어를 잡는다. 그런데 노인은 대어를 잡으면서 있는 힘을 다 써버렸고, 상어떼를 또 만나게 된다. 그는 상어떼와 사투를 벌이다가 그만 대어는 뼈만 앙상하게 남는다. 어부로서 80여 일 동안 아무런 성과를 내지 못했지만, 식지 않는 열정, 상어와 맞서 싸우는 노인의 용기, 포기하지 않는 불굴의 의지를 보여준 명작이다.

또 한 명의 작가를 소개하려고 한다. 세계적인 베스트셀러 작가 베르나르 베르베르(Bernard Werber)이다. 그의 첫 작품 《개미》는 프랑스에서보다 우리나라에서 더 많은 인기를 얻고 있는 작품이다. 이 소설은 개미를 관찰하기 시작한 열두 살 무렵부터 시작되어, 무려 20여 년의 연구와 관찰을 통해 만들어진 작품이다. 작가는 개미에 관한 소설을 쓰기 위해 무려 12년 동안 컴퓨터와 씨름하면서 수없이 고쳐 썼다고 한다. 이 기간에 베르나르 베르베르는 100번이나 넘게 고쳐 썼다. 베스트셀러가 어떻게 탄생하는지 보여준 작가이다.

그러면 우리는 몇 번이나 고쳐 써서 출판사로 원고를 보내야 할까? 《노인과 바다》처럼 200번을 고쳐야 할까? 200번은 불가능하니, 베르나르 베르베르의 《개미》처럼 100번 넘게 퇴고해서 원고를 출판사로 보낼까? 아니면 《무기여 잘 있거라》처럼 39번 정도 고쳐야 할까?

필자는 초고를 마치고 다섯 번 정도 퇴고한 것 같다. 단어의 선택을 잘했는지, 문장과 문장의 연결이 잘 되었는지, 문단과 문단의 연결이 어색하지 않은지, 첫 문단 시작을 자연스럽게 잘했는지, 소제목에 어울리는 적절한 사례를 들었는지 등 고치고 또 고치기를 반복했다. 읽어내려가면서 퇴고를 하는데, 작가가 원고를 퇴고한 횟수가 많으면 많을수록 출판사에서는 좋아하게 된다. 저자가 정성껏 퇴고한 원고를 받아야, 출판사에서는 퇴고 시간을 그만큼 줄일 수 있기 때문이다.

이렇게 퇴고 과정을 거쳤는데도, 출간된 책을 보니, 반복된 단어도 있었고 오타도 있었다. 부자연스러운 문맥도 발견됐다. 출간하고 보니, 전에 보이지 않았던 잘못된 부분이 눈에 쉽게 띄었다. 한두 번 더 확인하지 못한 아쉬움이 내내 마음속에 자리 잡았다.

세계적인 베스트셀러 작가들은 한 작품을 세상에 내놓기까지 수십 번에서, 많게는 수백 번의 퇴고 과정을 거쳤음을 알 수 있다. 이런 퇴고 과정에서 원고의 완성도가 높아지면서 베스트셀러가 탄생했다.

오랜 기간 학생들에게 글쓰기 지도를 해온 국어교사의 경험으로 퇴고할 때의 유의 사항을 정리해 보았다.

첫째, 문맥을 보고 단어를 선택해야 하므로 맞춤법 검사·교정프로그램이 정확하지는 않지만, 자신의 맞춤법 실력에만 의존하지 말고 프로그램으로 한 번 점검해 본다.

둘째, 표준어 사용(시, 소설, 희곡, 시나리오는 제외), 띄어쓰기, 지시어와 접속어의 사용이 적절한지 검토한다.

셋째, 부적절한 단어 사용으로, 문맥이 자연스럽지 못한지 검토한다.

넷째, 주어와 서술어, 수식어와 피수식어의 호응 관계가 자연스럽지 못한지 검토한다.

다섯째, 소제목에서 첫 문단은 독자들에게 관심과 흥미를 끌기 위해 재미있는 내용으로 시작되었는지, 그리고 마지막 문단은 작가가 말하고자 하는 내용 요약이 잘 되었는지 검토한다.

여섯째, 타인의 글을 인용할 때는 인용법에 어긋나지 않는지 검토한다.

일곱째, 소제목의 의미와 거리가 먼 사례가 있으면, 과감하게 삭제하고 대체한다.

여덟째, 소제목의 의미에 부합하는 생각, 가치관, 철학을 전하고 있는지 검토한다.

아홉째, 단락의 통일성, 제목과 주제와의 관련성을 검토한다.

열째, 문장이 간결하지 않고 길어서, 의미 전달이 모호한지 검토한다.

열한째, 마크 트웨인(Mark Twain)의 말처럼, '매우', '무척' 등의 단어만 빼도 좋은 글이 완성되므로, 꼭 필요한 때 외에는 삭제한다.

열두째, 고쳐쓰기의 원칙 세 가지를 지켰는지 검토한다. 즉 보완의 원칙에 따라 빠뜨린 부분은 보완하고, 삭제의 원칙에 따라 불필요한 부분은 삭제한다. 그리고 재구성의 원칙에 따라 문장이나 문단의 순서가 잘못된 경우는 바로잡는다.

이처럼, 검토 사항이 한두 건이 아니다. 고쳐쓰기를 한다고 원고를 보고 있지만, 글의 내용이 눈에 들어오지 않는 경우가 있다. 이럴 때, 고쳐쓰기를 쉽게 하는 방법이 있다. 그것은 소리 내어 읽는 것이다. 큰 소리로 읽어내려가면 오타, 어색한 문장 등을 쉽게 발견할 수 있다. 그리고 혼자 읽는 것보다 동생이나 자녀 등 다른 사람에게 읽어주면 잘못된 부분을 더욱 쉽게 발견하여 효율적인 고쳐쓰기를 할 수 있게 된다.

대부분의 베스트셀러들은 이렇게 수십 번에서 수백 번의 퇴고 과정을 거친 뒤 출간하게 된다. 퇴고를 반복하는 횟수가 늘면 늘수록 원고의 완성도가 높아진다. 이렇게 퇴고는 저자가 반드시 거쳐야 할 중요한 책 쓰기의 한 과정으로, 싫증이 날 때까지 반복해야 한다.

07 포기만 하지 않으면 초고는 완성되어 출간 된다

....
제대로 쓰려 말고, 무조건 써라

— 제임스 서버(James Thurber)

초고! 포기만 하지 않으면 완성된다. 첫 번째 저서와 두 번째 저서는 모두 3개월 만에 써서 투고했다. 그런데, 세 번째 저서는 책을 쓰는 중에 상을 당하여 한동안 넋을 잃었다. 한 달이 가고 두 달이 가고 시간은 물 흐르듯이 잘도 흘러갔다. 간신히 몸을 추스르고 다시 노트북 앞에 앉았을 때는 벌써 4개월이 지난 때였다.

아버지가 돌아가시고 보니, 한동안 책을 써야 하는 의미를 잃었고, 세상살이도 허망했다. '산다는 것은 무엇이며, 죽음의 세계는 또 어떤 것일까?' 이런 생각뿐이었다. 다행스럽게 생각하는 것은 아버지가 돌아가시기 2년 전에 교회에 나가셨고, 침례도 받으신 것이었다. 아버지 인생에서 아버지가 선택하신 일 중에 제일 잘하신 일이었다. 나 또한 아버지께 해드린 일 중에 침례를 받도록 도와드린 것이 제일 잘한 일이었다. 아버지는 그렇게 가셨고, 우리 5남매는 아버지를 그렇게 보내드렸다. 이제 홀로 계신 어머니를 보살펴드리기 위해 가까이에 사는 자식들이 당번을 정해 매일 저녁 어머니 집으로 퇴근하곤 한다. 평소에도 부모님께 최선을 다한다고 했지만, 아버지가 막상 돌아가시고 보니, 부족한 것투성이었다. 후회되는 일들이 한둘이 아니었다. 이 부족한 부분을 어머니께 채워드리려고 자식들은 온갖 노력을 다하고 있다.

살아 있는 사람은 그래도 산다고 하는 말이 맞는 말이었다. 우리 형제자매들은 얼굴에 환한 웃음을 보이기 시작했다. 내 마음도 점차 회복되면서 몸도 회복되었다. 앞으로 어떻게 살아야 할지 다시 생각하게 되었고, 책 쓰기를 해야만 하는 이유도 되찾게 되었다.

성공한 사람들은 자신의 감정을 다스리기 위해서 책을 읽었다고 한다. 자포자기하고 싶은 기분에 빠져들게 하지 않기 위해, 독서로 자신의 기분을 통제할 힘을 얻었다고 한다. 필자 또한 자신을 다스리기 위해 책을 읽기 시작했고, 다시 책 쓰기 시작했다. 책을 읽고 쓰기 시작하니, 살아갈 힘을 다시 얻었고, 미래 설계도 다시 하게 되었다.

어떤 일에 성공하기 위해서는 감당하기 어려운 사건을 만났을 때, 그 사건에 어떻게 반응하느냐에 달려있다고 한다. 대부분의 사람이 두 가지 반응을 보이는데, 한 가지는 그 자리에 주저앉는 것이요, 또 하나는 그 자리를 박차고 일어난다는 것이다. 사람들이 포기하려는 시점은 극도의 고통을 100이라고 했을 때, 90 정도가 되면 참을 만큼 참았으니, 더는 견딜 수 없다고 포기하는 사람이 많다고 한다. 10만 더 참으면 성공하는데 말이다.

처칠은 2차 세계대전을 승리로 이끈 영국의 수상이다. 그가 모교 졸업식장에서 후배들을 위한 연설을 부탁받았다. 한 나라의 수상이므로 처칠이 긴 연설을 할 것이라고 사람들은 모두 기대했다고 한다. 그런데 강단에 올라가서 네 마디만 던지고 그 자리를 떠났다. 바로 이 말이다.

"절대로, 절대로, 절대로 포기하지 마십시오(Never, Never, Never give up)."

중학교 때 실시했던 체력장이 생각난다. 체력장 중 한 종목인 '오래달리기' 1,000m가 있었는데, 80학번 이전의 체력장 오래달리기 만점은 3분 39초 이내여야 했다. '오래달리기'가 힘들어서 안 하는 학생도 한 명 정도는 있었지만, 대부분 입시생들은 고등학교 입학 점수를 높이기 위해서 체력장을 실시했다. 운동장 다섯 바퀴를 돌았는데, 두 바퀴까지는 어렵지 않게 달릴 수 있었다. 그런데 세 바퀴째부터 숨이 헐떡거리기 시작했다. 그리고 네 바퀴째는 인내심이 필요했다. 그리고 다섯 바퀴째 돌기 시작했을 때는 그만 포기하고 싶어질 정도의 고통이 따른다. 너무 힘들어서 코로 숨을 쉬는 것이 아니라, 입으로 숨을 쉬게 될 정도가 된다. 그리고 다리가 마비되는 듯하다. 그래도 달려야 한다. 마지막 남은 한 바퀴가 극도로 고통을 겪는 시간이다. 포기하고 싶은 시간이다. 그 마지막 한 바퀴를 포기하면 체력장 점수를 잃는 시간이다. 걸어서라도 끝까지 다섯 바퀴를 돌아야 낮은 점수라도 받게 된다. 학생들 대부분이 이 고통을 참고 견뎌낸다.

책 쓰기와 출간도 마찬가지이다. 인터넷 〈광주일보〉 2020년 7월 4일자에도 소설 《바람과 함께 사라지다》의 탄생 비화를 소개했다.

장편소설 《바람과 함께 사라지다》의 저자 마가릿 미첼(Margaret Mitchell)은 처음부터 유명한 작가가 아니었다. 그녀는 남북 전쟁 종군기자로 취재 중 다쳐 고향인 애틀랜타에서 휴양하게 되었고, 그녀의 남편이 동네 도서관에서 책을 빌려다 주기 시작했다. 그리고 남편이 책을 써보라고 권유하여, 미첼은 자신이 태어나고 성장한 미국 남부 이야기, 할아버지와 아버지에게서 들은 남북 전쟁 이야기를 쓰기로 한다. 이렇게 하여 탄생한 소설이 바로 《바람과 함께 사라지다》로, 이 책을 쓰기 위해 무려 10년(1926~1936)이라는 긴 세월이 걸렸다.

원고를 쓰는 데만 시간이 걸린 것이 아니라, 출판사와 출판계약을 맺는 데도 오랜 시간이 걸렸다고 한다. 찾아가는 출판사마다 계속 거절당했으니 말이다. 그러나 그녀는 포기하지 않고 날마다 기도하면서 자신의 책을 출간해 줄 출판사를 찾아다녔다고 한다. 하나님께서 예비하신 출판사를 만날 수 있도록 해달라고 간절히 기도하면서 다녔다. 그렇게 기도를 시작한 지 7년이 지났을 때는 가족들과 친구들이 그만 포기하라고 권할 정도였다. 이쯤 되면 대부분 사람들이 출판을 포기하게 되는데, 그녀는 포기하라고 권하는 그들에게 이렇게 말했다고 한다.

"아니야. 나는 글 쓰는 일에 부름을 받았어. 내가 쓴 글은 반드시 책으로 출간될 거야. 하나님께서 때가 되면 반드시 응답해주실 거야."

이렇게 변함없이 기도한 어느 날, 신문을 보고 있는데, 눈이 번쩍 뜨이는 기사가 실렸다고 한다. 뉴욕에서 가장 큰 출판사인 맥밀런의 레이슨 사장이 미첼이 사는 애틀랜타에 왔다가 그날 기차로 뉴욕에 돌아간다는 내용이다. 순간 미첼은 "레이슨 사장을 만나라."라는 하나님의 음성을 들었다고 한다. 그녀는 원고 뭉치를 들고 기차역으로 달려갔다. 그리고 레이슨 사장이 막 승차하려고 했을 때, 미첼이 이렇게 말했다.

"레이슨 사장님 맞죠? 제가 10년 동안 심혈을 기울여 쓴 원고입니다. 기차 안에서 한 번 읽어 보시고, 연락 주시면 감사하겠습니다."

레이슨 사장은 원고에 별로 신경 쓰지 않고 선반 위에 올려놓았다. 미첼이 사장의 눈에 인상 깊게 남지 않은 것이다. 그가 창밖을 무심히 바라보면서 약 2시간 즈음 지났을 때, 차장이 웬 전보 한 통을 건넸다.

"사장님! 제 원고를 읽어 보셨어요? 아직 안 읽으셨다면, 앞부분이라도 읽어 보시기를 부탁드립니다. 미첼 올림."

'이 여자 대단한 사람이군!'이라고 생각하면서도, 레이슨 사장은 별 관심 없이 눈을 감고 잠을 청했다. 그렇게 약 2시간 또 지나서 다시 차장이 그를 조심스럽게 불렀다.

"저 선생님! 전보가 또 왔습니다."

레이슨 사장은 이제 전보를 쓰레기통에 던지고 다시 눈을 감았다. 그리고 2시간이 또 지났다.

"선생님 또 전보가 왔습니다."

차장이 세 번째 전보를 건네주었을 때, 그는 짜증까지 났다. '도대체 어떤 글을 썼길래 이렇게 극성을 떠는가?' 하고 궁금해졌다. 그리고 원고를 읽기 시작한 그는 종착역인 뉴욕에 도착하는 것도 잊어버릴 정도로 원고에 심취되어 있었다고 한다.

《바람과 함께 사라지다》는 시나리오로 각색되어 영화로도 상영이 되었는데, 이 영화의 마지막 장면에 나오는 명대사를 잊을 수 없다.
"내일은 내일의 태양이 뜰 테니까."

"절대 포기하지 마라. 장벽에 부딪히거든, 그것이 절실함을 나에게 물어보는 장치에 불과하다는 것을 잊지 마라."

랜디 포시(Randy Pausch)가 남긴 말이다. 자신의 꿈과 의지를 포기하지 말고 끝까지 밀고 나가기를 바란다. 중학교 때 '오래달리기'를 할 때처럼, 꺾

이지 않는 집념을 보여 준 《바람과 함께 사라지다》의 저자 마가릿 미첼처럼. 천천히라도 포기만 하지 않으면 초고는 완성되고 출간된다.

08 프로필, 프롤로그, 에필로그는 어떻게 작성할까?

프로필은 저자의 이력서와 같다. 즉 저자의 약력으로 저자에 대한 소개이다. 그러므로, 개인 정보, 소속, 경력, 특기, 취미, 가치관, 삶의 철학 등 매우 다양한 정보들이 들어가게 된다.

어떤 작가는 프로필을 쓰기 위해 몇 주씩이나 고민하며 정성을 다하여 쓴다. 이렇게 심혈을 기울여 쓴 프로필은 출판사 편집자의 마음을 사로잡게 된다. 그러나 초보 작가들은 프로필을 어떻게 써야 할지 몰라, 간단하게 작성하기도 한다. 간단한 프로필은 편집자뿐만 아니라 독자들의 눈길을 제대로 끌지 못하므로, 출판사 편집자는 작가에게 다시 써달라는 부탁을 하게 된다.

저자 프로필은 사실에 근거하여 쓰되, 다음과 같이 저자의 다양한 정보가 들어가야 한다.

다음은 필자의 첫 개인 저서를 출간할 때, 작성했던 프로필이다.

"매일 새벽, 노트북 앞에 앉아 책을 쓰는 작가로 변신한 저자는 곧 은퇴를 앞둔 중등교사이다. 서울에서 태어나, 충청도 시골에서 자랐다. 시골에서 자란 만큼 잠자리 놀이, 물방개 놀이, 삘기 뽑기 등이 얼마나 재미있는 놀이인지 잘 알고 있다. 고등학교는 그 당시 유학 갔다고들 할 정도로 집에서 멀리 떨어진 천안여고에 입학해, 부모님과 떨어져 사는 고충이 얼마나 큰지 처음으로 알게 되었다.

단국대학교에서 국어국문학 전공, 중등 국어교사가 되어 중등국어교사로 근무하면서 수많은 제자를 배출했다. 2008년에는 〈아동문학평론〉 봄호에 동시 부문 '엄마 생각' 외 2편으로 문단에 등단하여 가족은 물론 동료들과 학생들에게 기쁨과 감동을 주기도 했다.

저자는 누구보다 선하고 따뜻한 마음을 지녀, 어떤 동료는 저자를 롤모델로 정하여 닮고 싶어 하고, 어떤 동료는 저자의 사고방식과 생활 자세가 삶의 바로미터가 되었다고 한다.

현재 자기계발작가, 동기부여가, 청소년들의 멘토로 상담 활동 중이며, 은퇴 후에는 희망의 메신저로서 책 쓰기 코칭, 1인 창업가로 활동할 계획이다. 저서로는 《보물지도 21》이 있다."

인쇄된 저자 프로필은 다음 쇄를 찍기 전까지 절대 수정할 수 없다. 인쇄되어 출간되었으니 말이다. 그러므로, 정성을 다해 신중하게 작성해야 한다. 독자가 저자 프로필을 읽으면서, '이 저자는 독자에게 무엇을 전달하고자 이 책을 썼지?'라고 궁금해하면서 책을 빨리 읽고 싶다는 생각이 들도록 저자 프로필을 작성해야 한다. 저자 프로필을 작성할 때의 유의 사항은 첫째, 과장하지 말고, 사실에 근거하여 쓰기이다. 둘째, 자신의 경력 쓰기이다. 셋째, 자신의 꿈, 인생관, 삶의 철학 쓰기이다.

다음은 프롤로그와 에필로그 작성하기로, 필자의 두 번째 저서에도 소개했다. 먼저 호기심을 유발하는 프롤로그 작성하기이다.

프롤로그(Prologue)가 무엇일까? 에필로그(Epilogue)와 상대되는 개념이다. 어원은 그리스어의 프로로고스로 에우리피데스가 처음으로 사용했다고 한다. 르네상스 시대부터 18세기에 걸쳐 유럽에서 성행했고, 배우가 등장인물로서 또는 작가의 대변자로 관객에게 해설하는 것이었다.

프롤로그는 연극이나 소설 등에서 처음 부분에 사용하는 것으로, 서막(序幕), 서시(序詩), 첫머리 등으로 표현하기도 한다. 일종의 맛보기인데, 표현하는 방법은 다양하다. 소설이나 장편 시에서는 '서사'로 일컫는다. 연극에서는 '서막'으로 불린다. 오페라, 발레, 무용조곡 같은 무대용 작품에서는 '막을여는 음악'으로서 '서곡'으로 일컫는다. 서곡은 하나의 악장으로 이루어진 관현악 작품으로, 그 규모나 형식 면에서 교향곡의 1악장과 비슷하다. 방송에서는 그냥 프롤이라고 줄여서 말하기도 하는데, 프롤로그로 부르는 것이 맞는 말이다.

프롤로그는 본편의 내용을 부분적으로 상징하거나 시작을 뜻하는 장면인데, 시사나 다큐멘터리에서는 흔히 본편의 하이라이트를 보여준다. 그런데,

이것은 프롤로그라고 말하기는 어렵다. 프롤로그를 만드는 가장 쉬운 방법은 본편을 상징하는 케이스 하나를 보여주거나, 본편에 등장하는 인물이나 사건 일부를 보여주는 것이다. 예를 들면 "2021년 1월 1일 대한민국의 운명을 좌우할 한 아이가 탄생했다."라는 나레이션과 함께 '한 아이가 태어나는 장면'을 보여주는 것이다. 그리고 "좋아하는 가족들. 그 사이에서 한 여성이 어두운 표정으로 그 아이를 쳐다보고 있다."라고 한다면 시청자들의 호기심을 자극하는 좋은 프롤로그이다.

책에서는 '프롤로그', '책을 시작하며', '글을 시작하며'의 문구로 프롤로그를 작성하는데, 작가는 독자들에게 책의 전반적인 분위기를 알려주고 호기심을 유발할 수 있도록 하는 부분이다. 필자의 첫 번째 저서에서 프롤로그가 이렇게 시작된다.

책 쓰기가 왜 가슴 뛰게 하는지 나는 아네!

33년 된 현직교사가 왜 책 쓰기를 시작했을까!

정년퇴직을 앞두고, 퇴직 이후의 삶을 상상해 보니, 주인공이 아닌 주변 인물로 살아가고 있었다. 정신이 번쩍 들어 '인생 제2막을 위한 준비를 해야겠다.'라고 생각했다. 간절히 원하면 꿈은 이루어진다고. 꿈속에서나 만날 수 있는 가슴 뛰는 일을 만났다. 바로 책 쓰기이다. 책 쓰기를 발견하고 며칠 동안 잠 못 이루었다. 그리고 책 쓰기 시작하면서 가슴 뛰는 삶이 시작됐다.

학생들에게 '진로를 정할 때 가슴 뛰는 일을 찾아라.'라고 지도해왔다. 그래야 자신의 인생이 즐겁고 행복하다고. 책을 써보니, 정말로 가슴이 뛰는 것을 느꼈다.

다음은 깔끔한 마무리의 에필로그 작성하기이다

프롤로그와 에필로그! 지금 책 쓰기하고 있는 작가이든 이 책을 읽고 있는 독자이든 반드시 알아야 할 단어들이다. 프롤로그는 작품에서 사람들에게 호기심을 갖게 하는 중요한 역할을 하는 부분으로, 실제로 책에서 프롤로그만 읽고 계산대로 향하는 독자들도 있다.

그러면 에필로그(Epilogue)란 무엇일까? 국어사전에는 이렇게 쓰여 있다.

"시가, 소설, 연극 따위의 끝나는 부분. 소나타 형식의 악장에서, 부주제 뒤의 작은 종결부."

간단하게 말하면 후기라고 할 수 있다. 일반적으로 결론을 말하는 부분으로, 소설이나 장편 시의 결론적인 구절을 뜻한다. 그리고 연극에서는 결론적인 대사를 의미한다. 연극에서 극의 종말에 나오는 끝대사나 보충된 추가 장면으로, 끝부분에 가면 배우가 무대에서 연극에 대한 마지막 말을 하고 관객에게 인사를 하는 폐막사가 있는데, 에필로그의 한 부분이라고 생각하면 된다. 좀 더 이해하기 쉬운 말은 '후일담'이다. 후일담은 이야기의 밖에서 덧붙여지는 이야기로, 독자들에게 충족되지 않은 부분을 충족시키기 위해 붙여지는 것이다.

에세이는 '책을 마치며', '글을 마치며'와 같은 형식으로 에필로그를 많이 쓴다. 에필로그는 책을 매듭짓는 역할을 해주기 때문에, 책 쓰기의 마무리를 잘해야겠다는 생각으로 정성을 다해 쓰면 된다. 다음은 사무엘 존슨(Samuel Johnson)이 남긴 말이다.

"고생도 없이 쓴 책은 독자들에게 아무런 기쁨도 줄 수 없는 그저 종이와 시간의 낭비일 뿐이다."

5장

새우잠을 자더라도 고래꿈을 꾸어라

01 무엇에든지 미치면(狂) 미친다(及)

사랑에 미쳐 본 적이 있는가! 다음은 SNS에 올라온 작사 및 작곡 최용식, 노래 유심초의 '사랑이여'가 탄생하게 된 슬픈 사연이다.

1980년대 한 부잣집 외동아들이 어렸을 때 교통사고를 당해 몸이 불편했다. 그는 K대 국문학과에 들어갔고, 매일 버스를 타고 등교했다. 몸이 불편한 이 외동아들에게 여차장은 좌석을 잡아줬고, 간혹 부축도 해주면서 서로에게 연민의 정을 느꼈다. 그리고 이어 순백의 사랑이 시작되었다. 청년은 몸이 불편한 자신을 아끼는 여인을 만나 행복했고, 배움이 짧았던 여차장은 대학생 애인을 만나 행복했다. 그런데, 청년의 집에서 이 사실을 알게 되었다. 청년 부모가 버스회사로 찾아가 난리를 부리는 등, 그녀에게 돌이킬 수 없는 모욕을 안겨주었다.

"가난하고 무식한 여자가 남의 귀한 아들을 감히 넘봐?"

그녀는 차장을 그만두고 종적을 감췄다. 청년은 한 달여 동안 집 안에 갇혀 있다가 부모에게 다시는 그녀를 만나지 않겠다고 맹세하던 날, 버스회사로 찾아갔다. 그리고 그녀가 사는 시골집 주소를 알아내어 한달음에 달려갔다. 그녀는 부모님이 돌아가셔서 오빠집에서 함께 살았었는데, 청년이 그녀를 찾자 오빠가 말없이 뒷산 중턱을 가리켰다. 그곳에는 그녀의 무덤만 덩그러니 누워 있었다. 그녀가 집에 돌아와 일주일 동안 몸져누웠다가, 그만 돌이킬 수 없는 약을 마시고 세상을 떠난 것이다. 목숨과도 같았던 첫사랑이었는데, 수모를 받자 이 땅에서 살아갈 기력을 잃고 말았던 것이다. 청년은 자신으로 인해 죽은 그녀를 생각하며 여러 날 울부짖다가, 어느 날 그 청년도 그녀의 무덤가에서 약을 마셨다.

국문학과 청년의 점퍼 주머니에서 그녀를 그리는 유시(遺詩)가 발견되었다. 시의 내용은 다시 한번 그 시절로 돌아가고픈 애달프고 절절한 사랑의 마음이 생생하게 그려져 있었다. 그 시에 곡을 붙여 탄생한 노래가 바로 유심초의 '사랑이여'로, 80년대에 히트 친 노래이다.

별처럼 아름다운 사랑이여! 꿈처럼 행복했던 사랑이여!

머물고 간 바람처럼, 기약 없이 멀어져간 내 사랑아

한 송이 꽃으로 피어나라. 지지 않는 사랑의 꽃으로

다시 한번 내 가슴에 돌아오라 사랑이여 내 사랑아

아~~사랑은 타버린 불꽃. 아~~사랑은 한 줄기 바람인 것을

아~~까맣게 잊으려 해도 왜 나는 너를 잊지 못하나

오 내 사랑! 오 내 사랑! 영원토록 못 잊어 못 잊어.

윌리엄 셰익스피어(William Shakespeare) 작 《로미오와 줄리엣》의 사랑과 무엇이 다른가! 똑같이 미친 사랑, 죽어서라도 이루고 싶은 사랑! 그래서 죽음으로 만나게 된 사랑!

20대 시절, 필자는 사랑에 미치지는 못하고 뜨개질에 미쳐본 적이 있다. 눈만 뜨면 뜨개질을 한 것이다. 어떤 때는 밥도 굶어가며 두문불출하고 뜨개질을 했다. 뜨개질이 얼마나 재미있던지 대바늘과 털실을 붙잡기만 하면 놓을 줄을 몰랐다. 대바늘로 한 코 한 코, 실을 떠서 허릿단을 만들고 몸통을 만들어 목 언저리까지 오르도록 뜨개질을 하노라면, 옷 모양새가 만들어지는 것이 흥미로웠다. 소매 두 짝을 떠서 양쪽에 붙이고, 단춧구멍을 만들어가며 앞단을 뜨고 단추를 달았다. 그리고 목 부분을 마무리하여 완성한다. 양사언의 시조 한 수가 생각난다.

태산이 높다 하되 하늘 아래 뫼이로다

오르고 또 오르면 못 오를 리 없건마는

사람이 제 아니 오르고 뫼만 높다 하더라.

태산이라도 오르고 또 오르면 못 오를 리 없듯이, 대바늘로 한 코 한 코 뜨다 보면, 스웨터가 만들어져 완성의 기쁨을 안겨다 준다.

언니 결혼할 때 분홍색 스웨터를 선물했다. 여동생이 고등학교 졸업할 때, 검은색 스웨터를 선물했다. 나는 보라색 스웨터를 떠서 입고 다녔다. 장갑을 뜨고 목도리를 떠서, 끼고 두르고 다녔다. 이렇게 한동안 뜨개질에 미쳐 있을 때, 뜨개질하다가 일어서면 방이 빙빙 돌아 다시 앉아야만 했다.

불광불급(不狂不及)! 미치지 않으면 미치지 못한다. 즉 그 어떤 일을 하는 데 있어, 미친 사람처럼 그 일에 미쳐야 목표를 이룰 수 있다는 말이다. 사랑도, 공부도, 예술도, 뜨개질도, 책 쓰기도 그 일 속에 완전히 빠져야만 이루어낼 수가 있다. 세상만사는 미쳐야 미친다. 어떤 일이든지 대충해서 이룰 수 있는 일이란 그 어디에도 찾아볼 수가 없는 것이다. 세상일은 만만하지 않다는 말이다. 정민 작가의 저서 《미쳐야 미친다》 본문 중에 이런 내용이 있다.

"미쳐야 미친다. 미치려면[及] 미쳐라[狂]. 지켜보는 이에게 광기(狂氣)로 비칠 만큼 정신의 뼈대를 하얗게 세우고, 미친 듯이 몰두하지 않고는 결코 남들보다 우뚝한 보람을 나타낼 수가 없다."

그리고 박제가의 《백화보》에 실려 있는 '꽃에 미친 김군'의 이야기를 인용하여 불광불급에 대해 이어 말하고 있다.

"바야흐로 김군은 꽃밭으로 서둘러 달려가서 눈은 꽃을 주목하며 하루종일 눈도 깜빡이지 않고, 오도카니 그 아래에 자리를 깔고 눕는다. 손님이 와도 한마디 말을 나누지 않는다. 이를 보는 사람들은 반드시 미친 사람 아니면 멍청이라고 생각하여, 손가락질하며 비웃고 욕하기를 그치지 않는다."

《백화보》는 꽃에 미친 김군이 1년 내내 꽃밭 아래서 아침부터 저녁까지 계절에 따라 피고 지는 꽃술의 모양, 잎새의 모습을 그림으로 그려놓은 책이다. 김군은 아침에 눈을 뜨면 꽃밭으로 달려간다. 꽃 아래 아예 자리를 깔고 드러누워, 하루 종일 꽃만 본다. 아침에 이슬을 머금은 꽃망울이 정오에 해를 받아 어떻게 제 몸을 열고, 저물녘 다시 오무렸다가 마침내는 시들어 떨어지는지, 그 과정을 쉴 새 없이 관찰하고 그림으로 그린다. 그리는 것만으로 부족해서 글로 옮겨 쓴다. 손님이 찾아와도 혹 꽃 피는 모습을 놓치게 될까봐 말도 시키지 말라는 표정으로 꽃만 바라본다. 그의 이런 행동을 보고, 사람들은 "저 사람 완전히 돌았군! 미친 게 틀림없어!"라고 하며 혀를 차거나, "젊은 사람이 어쩌다가 실성을 했누!"라고 하며 안됐다는 표정을 짓기 일쑤다.

– 정민, 《미쳐야 미친다》 중

그렇다. 꽃에 미쳤으니, 꽃을 그릴 수밖에 없다. 보는 이들의 눈에 광기로 비칠 만큼 꽃만 바라보았으니, 그리는 것만으로 부족해서 글로도 썼으리라.

책 쓰기도 마찬가지이다. 책 쓰기에 3개월만 미쳐보길 바란다. 내가 뜨개질에 미쳤을 때처럼 책 쓰기를 한다면, 2개월 만에도 책 한 권 거뜬히 써낼 수 있으리라.

필자는 은퇴 이후의 삶에 대한 막연한 두려움이 있었다. 아무 계획 없이 세월을 보내기가 싫었다. 은퇴 후에도 내가 진정으로 하고 싶은 일을 하며 살고 싶었다. '간절히 원하면 꿈은 이루어진다.'라고 했듯이, 이 말이 진실이었다. 책 쓰기를 발견한 것이다. 책 쓰기 시작하면서 은퇴 이후의 삶에 대한 걱정이 사라지고, 오히려 꿈 너머 꿈을 꾸기 시작했다. 은퇴를 앞두고 제2의 인생길을 지금 걷고 있다.

02 인생의 미션, 저서 한 권만 써라

책은 위대한 천재가 인류에게 남겨주는 유산이며, 그것은 아직 태어나지 않은 자손들에게 주는 선물로서 한 세대에서 다른 세대로 전달된다.

— 토머스 에디슨

인생의 미션에는 어떤 것들이 있을까? 여기에서 미션은 임무이므로, 살아있을 때 해야 할 일들이다. 바꿔 말하면 죽기 전에 해야 할 일들이다. 또한 어떻게 살아야 후회 없이 살 수 있을까의 답이기도 하다. 미션 수행은 인생을 잘 살아가는 방법이기도 하다. 버킷리스트(Bucket List)이기도 하다.

버킷리스트란 '죽기 전에 꼭 해보고 싶은 일들을 적은 목록'이다. 이 말의 유래는 'Kick the Bucket'에서 나온 말인데, '죽다.'라는 의미이다. 중세시대 죄인을 교수형에 처할 때, 엎어 놓은 양동이에 죄인을 올라가게 하고, 목을 올가미로 두른 다음, 양동이를 걷어차서 형벌을 집행했기 때문이다. 즉 양동이(Bucket)를 차다(Kick)라는 말에서 탄생한 말이다.

인생의 미션 관련하여 어떤 책들이 출간되었는지 예스24에서 찾아보았다. '죽기 전에 해야~'라고까지만 썼는데, 출간된 도서들이 줄을 이었다.

박홍이 저《죽기 전에 해야 할 77가지》, 이택호 저《죽기 전에, 더 늦기 전에 꼭 해야 할 42가지》, 염창환 저《한국인, 죽기 전에 꼭 해야 할 17가지》, 김진혁 저《죽기 전에 크리스천이 꼭 해야 할 77가지》, 댄 펜웰(Dan Penwell) 저, 손원재 역《죽기 전에 꼭 해야 할 88가지》, 김항안 저《성도가 죽기 전에 꼭 해야 할 63가지》등 생각 외로 많았다.

다음은 '죽을 때 후회하는 것들'에 관한 책을 알아보기 위해 '죽을 때 후회 ~'라고까지 썼는데, 이런 도서들이 있었다.

나카무라 마사토 저, 김윤경 역《오늘이 마지막 날이라면》, 오츠 슈이치 저, 황소연 역《죽을 때 후회하는 스물다섯 가지》, 오석환 저《걸을 껄? 죽을 때 후회했다》, 김미양 외 4인 저《안 쓰면 죽을 때 후회할 것 같아서》등이다.

도서를 검색하면서, 10여 년 전, 내 가슴을 뭉클하게 했던 책인 오츠 슈이치 저서《죽을 때 후회하는 스물다섯 가지》가 '2010 제8회 올해의 책 선정도서'로 되어 있는 것을 발견했다. 내 가슴만 울린 것이 아니라, 많은 사람들의 가슴을 울린 책이었음을 말해주고 있었다. 이 책의 내용에 관하여 필자의 첫 개인 저서에서도 언급했듯이, 1,000명의 죽음을 지켜본 호스피스 전문의가 말하는 '죽을 때 후회하는 스물다섯 가지' 내용이다. 수년간 말기 암 환자를 진료한 의사가 인생의 마지막 순간을 앞둔 사람들이 가장 많이 후회하는 것들에 관해 말하고 있다.

첫 번째 후회가 '사랑하는 사람에게 고맙다는 말을 많이 했더라면'이다. 두 번째 후회는 '진짜 하고 싶은 일을 했더라면', 세 번째 후회는 '조금만 더 겸손했더라면'이다. 이 세 가지 중에 나는 두 번째 후회를 많이 했었다. 그런데, 지금 하나씩 해나가고 있으니, 미션을 잘 수행하는 중이다. 이어서 순서대로 써보면, '친절을 베풀었더라면', '나쁜 짓을 하지 않았더라면', '꿈을 꾸고 그 꿈을 이루려고 노력했더라면'이다. 이 중에서 '꿈을 꾸고 그 꿈을 이루려고 노력했더라면'을 평소에 많이 후회했었다. 그런데 작년에 개인 저서 출간의 꿈은 벌써 이루었고, 이어 책 쓰기 코칭 꿈은 은퇴 후 2022년 3월부터 이루어낼 계획이다.

이어서 '감정에 휘둘리지 않았더라면', '만나고 싶은 사람을 만났더라면', '기억에 남는 연애를 했더라면', '죽도록 일만 하지 않았더라면', '가고 싶은 곳으로 여행을 떠났더라면', '고향을 찾아가 보았더라면', '맛있는 음식을 많이 맛보았더라면'이다.

이 중에서 '가고 싶은 곳으로 여행을 떠났더라면'에 마음이 걸린다. 유럽여행은 나의 버킷리스트로 가지고 있었기 때문이다. 속히 코로나19가 사라지길 고대한다. 그리고 '맛있는 음식을 많이 맛보았더라면'에서도 흡족하지 못하다. 내가 좋아하는 두리안이 비싸서 실컷 맛보지 못했기 때문이다. 죽음을 앞둔 말기 암 환자들은 식욕이 완전히 떨어지거나 최악의 경우 미각이 없어진다고 한다. 아무리 맛있는 음식을 입에 넣어도 모래알 씹는 것과 같다는 것이다. 건강한 우리들은 이해가 잘되지 않지만, 모래알을 목으로 넘길 수 없듯이 아무리 맛있는 두리안도 넘길 수 없다는 것이다. 오츠 씨는 건강을 잃기 전에 맛있는 것들을 많이 먹어두라고 했다.

그리고 이어서 '결혼했더라면', '자식이 있었더라면', '자식을 혼인시켰더라면', '유산을 미리 염두에 두었더라면', '내 장례식을 생각했더라면', '내가 살아온 증거를 남겨 두었더라면', '삶과 죽음의 의미를 진지하게 생각했더라면', '건강을 소중히 여겼더라면', '좀 더 일찍 담배를 끊었더라면', '건강할 때 마지막 의사를 밝혔더라면', '치료의 의미를 진지하게 생각했더라면'이었다.

이 모든 것들은 하고 싶어도 하지 못하는 것이 아니라, 지금 당장이라도 행동으로 옮기면 할 수 있는 것들이 많다. 이 중에 '내가 살아온 증거를 남겨 두었더라면'의 미션수행을 한다면, 어떤 것이 살아온 증거로 확실하게 남겨 둘 수 있겠는가? 많은 재산인가? 아니면 여러 명의 자식인가? 아니면 그 무엇인가? 확실한 증거로 남겨 둘 수 있는 가장 좋은 것은 자신의 이름이 새긴 저서이다. 저서는 집 안에만 머물러 있는 것이 아니다. 마을 도서관에만 있는 것도 아니다. 독자가 저서를 들고 기차를 타면 기차여행도 하고, 비행기를 타면 해외여행도 하게 된다. 지금은 해외 어디에서나 인터넷 서점에서 책을 구매할 수 있다. 저서는 세계 곳곳, 어디든지 당신을 데려다주며 각계각층의 사람들과 만나게 한다. 그 만남의 기쁨이 어느 정도일까? 저서 한 권의 영향력은 상상 그 이상이다.

지금 당신은 무엇을 가장 후회하고 있는가? 후회 없는 삶과 후회 없는 죽음을 위해 지금 무엇을 하고 싶은가?

이 땅에 사는 동안 해야 할 일들이 너무나 많다. 죽을 때 후회하는 것들은 죽기 전에 반드시 해야 할 인생의 미션이다. 오늘부터 인생의 미션 하나씩을 실천해나가길 바란다. 그러면 잘살고 있는 것이다. 이 스물다섯 가지 중에 열아홉 번째 후회인 '내가 살아온 증거를 남겨 두었더라면'을 실천하기 위해, 저서 한 권을 반드시 출간하기 바란다. 이것은 인생의 필수 미션이다. 책을 써보니, 내가 살아온 증거를 확실하게 남길 뿐만 아니라, 얼마나 즐겁고 행복한지 매일 가슴 뛰는 삶을 살아가고 있다.

"정말로 우리의 시간은 한정되어 있습니다. 그러니 제발 다른 사람의 삶을 살며 시간을 낭비하지 마십시오."

스티브 잡스(Steve Jobs)의 말이다. 머뭇거리기에는 인생이 너무나도 짧다. 오늘 살아가고 있는 이 시간은 평생 두 번 다시 오지 않을 소중한 시간이다. 단 한 번뿐인 시간이기에 더욱 의미 있는 시간이다. 그리고 그 어떠한 삶의 순간도 소중하지 않은 때는 없다. 그래서 책으로 담아내지 못하는 삶은 한순간도 없다. 우리가 경험하는 모든 삶의 과정은 모두 책 쓰기의 소중한 소재들로, 책으로 옮기기만 하면 한 권의 빛나는 베스트셀러가 될 수 있다. 우리의 삶은 모두 빛나는 베스트셀러의 삶이기 때문이다.

인생의 여러 미션 중에 당신이 살아온 증거를 남기기 위해 오늘부터 책 쓰기를 시작하기 바란다. 우선 노트북 앞에 앉고, 무엇을 쓸 것인지부터 생각하길 바란다. 노트북 앞에 앉으면 쓰게 되어 있다. 10년간 홀로 지내면서 독서와 책 쓰기로 일본에서 최고의 작가가 된 사이토 다카시는 《원고지 10장을 쓰는 힘》에서 이렇게 말했다.

"열 장의 원고지를 채우면, 다시 말해 열 장의 벽을 넘으면 그다음에는 스무 장이든 서른 장이든 거뜬히 쓸 수 있다."

03 저서는 성공의 문을 여는 열쇠다

심종추 작가의 《성공의 스위치를 켜라》에서도 성공에 관하여 소개하고 있다.

사람은 누구나 현재보다 나은 미래, 오늘보다 성장하고 성공하는 내일을 꿈꾸며 살아가고 있다. 그러면 미래는 어떻게 결정될까? 그것은 지금 자신이 무엇을 생각하고 무엇을 하고 있느냐에 따라 달라진다. 지금 긍정적인 생각을 하고 있으면 긍정적인 인생이 될 것이요, 부정적인 생각을 하고 있으면 부정적인 인생이 될 것이다. 성공한 미래를 생각하고 있으면 성공한 미래를 맞이하게 될 것이고, 실패한 미래를 생각하고 있으면 실패한 미래를 맞이하게 될 것이다.

긍정적인 생각은 놀랍게도 모든 것을 가능하게 만든다. 왜냐하면, 인간은 누구나 성공하고 행복한 삶을 누리도록 창조되었기 때문이다. 생각대로 인생이 만들어지는 경우가 많기 때문이다. 긍정적인 생각은 긍정적인 행동을 낳고, 성공적이고 행복한 인생을 만들어내기 때문이다. 성공과 행복은 바로 자신이 선택하는 것이기 때문이다.

성공에 관해 이야기할 때마다, 사람들은 관리와 습관이라는 단어를 자주 사용한다. 즉 성공을 이루는 비결은 자신을 관리하며 올바른 습관을 지녀야 한다는 것이다. 그리고 또 명상과 기도를 꼽는다. 실제 스티브 잡스가 명상을 자주 하면서 자신의 마음을 잘 다스렸기에 세상을 놀랄만하게 위대한 혁신가로 도약할 수 있었다. 만약에 그가 자신이 만든 회사인 애플에서 쫓겨나는 엄청난 시련을 겪고서도 분노와 패배감을 제대로 극복해내지 못했다면, 이 시대의 위대한 혁신가로 우뚝 서지 못했을 것이다. 스티브 잡스가 어두운 면을 보지 않았기 때문에, 성공을 끌어낸 것이다. 스타벅스 신화를 창조한 하워드 슐츠(Howard Schultz) 회장도 "나는 어두운 면을 보지 않는다."라고 말했다. 카를 힐티(Carl Hilty)는 또 이런 말을 남겼다.

"성공하기를 바라는 자는 마음의 안정, 자기 자신 및 타인에 대한 정신의 평화, 그리고 또 대개는 자존심까지도 포기하여야 할 것이다."

성공을 이루는 또 하나의 비결이 독서에 있다. 성공한 사람들이 책을 읽었던 것은 자신의 감정을 다스리고 자포자기하고 싶은 분위기에 빠져들지 않기 위해서이다. 독서를 통해 자신의 기분을 통제하고 힘을 얻고자 했다. 물론 성공의 방법과 길도 책이 안내하고 있다. 실제 빌 게이츠가 이런 말을 남겼다.

"오늘의 나를 있게 한 것은, 우리 마을 도서관이었다. 하버드 졸업장보다 소중한 것은 독서하는 습관이다."

그다음은 실천력이다. 성공한 사람과 그렇지 않은 사람의 차이는, 평범한 사람이 생각만 하는 것을 성공하는 사람은 행동으로 옮긴다는 것이다. 스티브 잡스나 빌 게이츠가 최고의 CEO가 될 수 있었던 것은 그들의 실천력이 있었기 때문이다. 평범한 사람들 역시 수천 가지의 좋은 아이디어를 가지고 있으나, 실천하지 않았기 때문에 결과가 없는 것이다. 성공한 사람들은 반드시 행동으로 옮긴 사람들이다. 1톤(ton)의 지식보다 1그램(gram)의 실천이 더 가치 있다는 말도 있다.

또한, 시대를 알고 누릴 수 있어야 성공할 수 있다는 것이다. 다음 언급한 말은 세계화 속에 있다는 표현이다. 그리고 시대를 알고 누릴 수 있어야 성공한다는 말이기도 하다.

"이탈리아의 카푸치노 커피를 마시고, 일본의 초밥을 먹고, 영국의 록 음악을 들으며, 한국산 자동차를 타고, 미국의 맥도날드 햄버거 가게로 간다."

필자는 여기에 한 가지를 이렇게 추가하고 싶다.

"이탈리아의 카푸치노 커피를 마시고, 일본의 초밥을 먹고, 영국의 록 음악을 들으며,

한국산 자동차를 타고, 미국의 맥도날드 햄버거 가게로 간다. 귀가 후에는 서재에서 글을 쓴다."

세계적인 명문대학인 하버드대학에서도 글쓰기를 강조하는 이유는 생각을 글로 표현하는 과정을 통해서 자신의 생각을 상대방에게 효과적으로 전달할 수 있게 되고, 상대방을 설득하고 감동도 줄 수 있게 되기 때문이다. 그리고 글쓰기를 통해 향상되는 사고력과 통찰력은 돈으로 살 수 없는 성공의 요건으로 손꼽히기 때문이다. 또한, 글쓰기를 통해 어제 살았던 무기력하고 나약한 자신을 뛰어넘어, 오늘 더 강하고 성장한 인생을 살아갈 수 있게 되고, 어제보다 오늘 성공의 문에 가까이 다가갈 수 있게 되기 때문이다.

100세 시대라는 긴 인생을 즐겁게 살기 위해서 무엇이 필요할까? 독서, 골프, 탁구 등 모두 좋다. 그러나 즐거운 인생을 넘어 성공의 문으로 들어가기 위해서는 무엇이 필요할까? 나는 책 쓰기를 제안한다. 책 쓰기가 곧 성공의 문으로 들어가는 열쇠 역할을 해낼 것이기 때문이다.

사람들이 책을 읽는 일에 시간과 노력을 많이 들이지만, 책을 써야만 인생이 성장하고 발전하게 된다. 책 쓰기는 읽기보다 열 배 더 강하기 때문이다. 책 읽기가 나를 성장시켰다면, 책 쓰기는 내 인생을 송두리째 바꾸었다고 자신 있게 말할 수 있다. 이 책을 읽는 독자는 책 쓰기가 선택사항이 아닌 필수 사항이라고 생각하길 바라며, 바로 지금 글을 쓰기 시작했으면 좋겠다. 그동안 당신의 가슴에 묻어두었던 꿈을 하나씩 일으켜 줄 책 쓰기에 도전했으면 좋겠다. 책 쓰기가 성공으로 가는 임계점을 만들어 낼 것이다.

어렸을 때 불행했던 기억이 있다면, 이것은 작가로서의 자산이다. 지금까지 그 누구도 겪지 않은 인생을 살았다면 더욱 작가로서 자격이 있는 것이다. 과거의 늪에 계속 빠져 있을 필요가 없다. 미래가 달라질 리가 없다고 단정 짓지 않기를 바란다. 어두운 과거로부터 벗어나는 방법, 즉 밝은 미래를 맞이하기 위해서는 책 쓰기가 최고라고 생각한다.

"자신을 내보여라. 그러면 재능이 드러날 것이다."

발타사르 그라시안(Baltasar Gracian) 의 말이다. 자신을 내보이는 방법이 여러 가지가 있지만, 난 작가로서 책 쓰기를 추천한다. 지금까지 발견하지 못한 잠자던 재능을 발견하고, 자신도 깜짝 놀라게 될 것이다.

누구든지 자신의 잠재력을 알고 싶으면 시도해보아야 한다. 시도해보지 않고는 어떻게 자신의 잠재력이 얼마만큼 숨겨져 있는지 알 수가 있겠는가! 남은 물론이고 자신도 알지 못하는 잠재력이 가슴 깊이 숨겨져 있을 것이다. 알아내는 방법은 시도해보는 것뿐이다. 나의 잠재력을 끌어내기 위해, 나는 책 쓰기를 선택했다. 찰리 채플린(Charles Chaplin)은 이런 말을 남겼다.

"수용소에 있을 때나, 먹을 것을 구하기 위해 길거리를 방황하고 있을 때도, 나는 내가 세계에서 제일가는 배우라고 믿고 있었다. 어린아이가 이런 생각을 했다고 하면 이상하게 들리겠지만, 그래도 그렇게 강한 믿음을 갖고 있었던 것이 나를 구했다. 그런 확신이 없었다면 나는 고달픈 인생의 무게에 짓눌려 일찌감치 삶을 포기해 버렸을 것이다."

자신이 꽤 괜찮은 사람이라고 자신을 믿어보길 바란다. 그러면 꽤 괜찮은 사람이 이미 되어 있을 것이다. 자신이 세상에서 가장 멋있는 사람이라고 생각해보길 바란다. 그러면 세상에서 가장 멋있는 사람으로 이미 변화되어 있을 것이다. 자신의 잠재력을 지금부터 끌어내기 바란다. 성공의 문을 여는 열쇠는 바로 책 쓰기이다.

필자는 학생들에게 여러 번 반복해서 말해왔다. 성인이 되어 의사가 되든, 교사가 되든, 그 어떤 직업을 갖든 자신이 하는 일과 삶에 관해 꼭 책을 쓰라고. 그러면 그 분야에서 성공의 문이 열리게 될 것이라고.

필자는 내 남은 인생을 작가로서 책 쓰기에 도전을 멈추지 않고 살아가려고 한다. 그동안, 힘들고 지쳤던 삶은 모두 책 쓰기의 좋은 글감들이 될 테니, 모든 일에 감사하다. 작가로서 빌 게이츠가 남긴 다음 말에 지금이라도 도전하려고 한다.

"가난하게 태어난 건 당신의 잘못이 아니다. 그러나 25세가 될 때까지 백만불을 벌지 못한 건 당신의 잘못이다."

지금 1달러 환율이 1,188원이므로, 백만불은 대략 11억 8천만 원 정도이다.

04 일생에 한 번은 책 쓰기에 미쳐라

언젠가 내가 운전하여 해안 도로를 달리고 있었는데, 바닷가 바위 위에서 낚시하는 한 사람이 있었다. 바람이 세차게 불었기 때문에, 낚시하기에는 매우 위험한 날씨였다. 앉았던 몸을 조금만 일으켜도 바람에 몸이 흔들려 중심을 잃을 것 같았다. 그런데, 그 세찬 바람에도 아랑곳하지 않고 낚시질에 완전히 빠져 있었다. 길을 따라 조금 더 가고 있었는데, 이번에는 급경사진 바위 위에서 낚시하는 또 한 사람이 있었다. '저 사람은 낚시에 완전히 미쳤군! 한 발이라도 헛디디면 곧바로 황천길인데……. 바다에서 혼자 죽을 수도 있겠구나!'라는 생각이 드는 순간, 세찬 바람과 함께 거센 파도가 밀려갔다. 그때 난 하마터면 "사람 살려!"라고 소리 지를 뻔했다. 사나운 파도가 낚시꾼을 꼭 휩쓸어 내릴 것만 같았기 때문이다. 눈을 비비고 다시 살펴보니, 낚시꾼은 그대로 그 바위 위에 앉아 있었다. 몸을 뒤로 젖혀 파도를 피했는지 알 수는 없었지만, 나는 내 가슴만 쓸어내려야 했다. 낚시에 얼마나 미치면 저렇게 험

난한 날씨에도 앉아 있을까!

바닷가에서 낚시하던 사람이 파도에 휩쓸려 시신만 찾았다는 뉴스를 들은 적이 있다. 그 뉴스를 들으면서 '바다낚시에 미친 사람은 결국, 바다에서 죽는구나!'라고 생각했었다.

산은 어떨까! 김보영 기자의 boyoung@insight.co.kr의 기사를 참고했다.

에베레스트에는 지금도 내려오지 못하는 시신들이 가득하다고 한다. 그래서 에베레스트는 '세상에서 가장 큰 공동묘지'라는 또 다른 이름으로 불리기도 한다는 것이다. 1953년 영국 원정대 셰르파인 텐징 노르가이(Tenzing Norgay)와 에드먼드 P. 힐러리(Edmund Percival Hillary)가 에베레스트 첫 등정에 성공한 이후, 해발 8,848m 높이의 이 산을 정복하기 위해 지금까지 약 4,000여 명이 도전장을 던졌는데, 그중 260여 명은 아직도 산에서 내려오지 못했다고 한다. 특히 해발 약 8,000m부터 정상에 이르는 구간인 '죽음의 구역(Death Zone)'이라 불리는 구간이 있는데, 이곳에서의 산소량은 평지의 3분의 1이어서 그곳에 있는 느낌은 피가 진득해지는 느낌이라고 한다. 정상 부근에서의 산소포화도는 대략 60%로 떨어져 서 있기만 해도 목숨이 위태로울 정도라고 한다. 날씨 또한 예측하기 어려워서 하산 시간을 어기기라도 하면 목숨을 보장받기가 어렵다고 한다. 이러한 악조건으로 에베레스트에는 목숨을 잃은 사람들의 시신이 여기저기에 널려 있다고 한다.

몇몇 시신들은 에베레스트를 등정하는 사람들에게 이정표가 되기도 한다. 특히 죽음의 구역 근처에 있는 어떤 시신은 등반을 위해 반드시 지나쳐야 하는 지점에 있어 등반가들에게 이정표로 유명하다. 이렇듯 에베레스트에서 목숨을 빼앗긴 사람들은 내려가는 일을 잊어버리고 올라가는 것에만 몰두하다가, 참변을 당하고 말았다고 한다. 산악인 엄홍길은 이렇게 말했다.

"산도 인생도 내려가는 것이 더 중요하다."

등반 전문가는 "사람들은 정상을 포기하지 못해 죽음을 맞이하는 경우가 많다."라며 "눈앞에 정상이 있다고 무작정 오르는 것은 위험하다. 시시각각 급변하는 상황에 유동적으로 대처해야 한다."라고 말했다.

그러면 왜 시신들을 수습하지 않고 그대로 내버려 둘까? 시신이 이정표로 쓰이도록 왜 내버려 두는 것일까? 그것은 특정 높이 이상으로 가면, 시신을 수습하는 데에 비용과 노력이 많이 들며, 또 다른 생명의 2차 피해가 발생할 수 있기 때문이라고 한다.

책 쓰기에 미친 사람은 어떨까? 박성배 박사의 저서 《내 인생을 다시 쓰는 책 쓰기》에서도 책 쓰기에 미친 도스토옙스키에 관한 내용이 나온다.

도스토옙스키(Dostoevsky)는 세계 문학사에 가장 위대한 작가로 손꼽히고 있는 러시아의 대문호이다. 그가 대문호로 탄생하게 된 데는 28세 때 겪은 참담한 사건 덕분이다. 그가 1847년 '유토피아 사회주의자' 단체인 '페트라세프스키회'에 참여해 정치적인 토론을 하고 있을 때, 당국에 발각되어 동료 33인과 함께 농민반란을 선동했다는 혐의로 사형선고를 받게 된다. 다행히 사형집행장에서 사형을 중지하라는 황제의 명으로 총살형은 면하고, 4년 동안 시베리아에서 유형 생활을 해야 했다.

유형 생활에서 풀려난 그는 혁명가가 아닌 러시아와 서구를 물질문명으로부터 구원하겠다는 깊은 신앙심으로 글을 쓰기 시작했다. 그리고 죽는 날까지 책 쓰기에 미쳤었다. 도시의 뒷골목, 학대받는 사람들, 하급 관리들, 가난한 학생들의 고뇌를 치밀하게 묘사하면서, 인간이 가지고 있는 궁극적인 문제를 주로 다루었다. 인간 심리의 내면을 비상할 정도로 파헤쳐 들어간 것이다. 그 결과, 세계 문학사상 가장 위대한 작품으로 손꼽히는 《죄와 벌》, 《카라마조프의 형제들》 등 대작을 잇달아 내놓게 된다. 이렇게 대문호 도스토옙스키를 만든 것은 젊은 날, 사형집행장에서의 결단을 내렸던 시간, 바로 5분이다.

1849년 12월, 그는 상트페테르부르크 광장의 사형집행장에 섰다. 그의 얼굴은 두건에 씌워졌고, 병사들의 소총이 그의 가슴을 겨누고 있었다. 눈앞이 캄캄하고 온몸이 공포로 조여드는 소름 끼치는 순간, 도스토옙스키는 하늘을 우러르며 맹세했다.

'만약 내가 여기서 살아난다면 남은 인생의 1분 1초도 허비하지 않겠다.'

그는 지나온 삶을 되돌아보며 사형집행장에서 다짐했다. 그는 살아 있을 시간을 계산해보니, 5분이었다. 아는 사람들에게 최후의 인사를 하는 데 2

분, 지금까지 살아온 삶과 생각을 정리하는 데 2분, 발붙이고 살던 땅과 자연을 돌아보는 데 나머지 1분을 쓰기로 했다. 그런데 그때 기적이 일어났다. 마차 한 대가 광장을 가로질러 달려오더니, 관리가 뛰어내리며 소리쳤다. "사형을 중지하라. 사형을 중지하라. 황제의 명이다."

그러면 도스토옙스키처럼 사형집행장에 서지도 않았고, 유형 생활을 해보지도 않았는데, 어떻게 책 쓰기에 미칠 수가 있겠냐는 말을 할 수도 있다. 그런데 간절하면 미치게 되어 있다.

작년 5월부터 필자가 책 쓰기에 미쳤었다. 책 쓰기에 미쳤다는 것을 무엇으로 증명할 수 있을까? 책 쓰기 시작한 지 약 한 달 정도 지났을 때, 아침에 일어나면 오른쪽 어깨가 무거웠고, 시간이 지날수록 팔을 위로 들기가 힘들어졌다. 세수하기도 힘들었고, 로션 바르기도 힘들었다. 자동차 조수석에 있는 물건 집기도 힘들었다. 옷 갈아입는 것도, 머리 빗기도 힘들었다. 밤만 되면 어깨가 쑤시고 아파서 잠을 거의 못 이룰 정도까지 되었다. 한여름 밤에 땀이 비 오듯이 쏟아져도 적외선 치료기에 어깨를 대고 있어야 했다. 이렇게 일상생활이 힘들었지만, 책 쓰기는 계속됐다.

오십견이 오는지도 모르게 책 쓰기에 미쳤었고, 오십견이 왔는데도 책 쓰기에 미쳤었다. 날마다 출근하기 전 새벽에 노트북 앞에 앉아 자판기만 두들겼으니, 내가 오십견을 불러들였다. 이렇게 책 쓰기 시작한 지 3개월 만에 첫 개인 저서를 썼고, 이어 두 번째 저서도 3개월 만에 써냈다. 지금은 세 번째 책을 쓰고 있다. 미치면 미치는 것을 책 쓰기를 통해 경험했다.

달러화 인물 중 대통령이 아닌 인물은 알렉산더 해밀턴(Alexander Hamilton, 10달러)과 벤자민 프랭클린(Benjamin Franklin, 100달러) 두 명뿐인데, 그 중, 벤자민 프랭클린은 다음과 같은 말을 남겼다.

"독서는 정신적으로 충실한 사람을 만들고, 사색은 사려 깊은 사람을, 글쓰기는 확실한 사람을 만든다."

벤자민 프랭클린의 이 말을 나는 조금 바꿔 표현하고 싶다.

"독서는 정신적으로 충실한 사람을 만들고, 사색은 사려 깊은 사람을, 책 쓰기는 가족에게는 물론 인류에게 남기는 최고의 유산을 만드는 작업이다."

일생에 한 번은 책 쓰기에 미쳐보길 바란다. 가족에게는 물론 인류에게 최고로 가치 있는 유산을 남기게 될 것이다.

05 새우잠을 자더라도 고래꿈을 꾸어라

극작가 겸 소설가이자 노벨문학상 수상자인 조지 버나드 쇼(George Bernard Shaw)의 유명한 말이 있다.

"우물쭈물하다가 내 이럴 줄 알았지."

우물쭈물하다가 결국에는 죽음을 맞이할 수도 있다는 말이다. 즉 하고 싶은 것들은 많은데, 내일로 미루고 또 미루다가 죽음에 직면해서야 후회한다는 말이다. 꿈을 꾸지 않으면 어떠한 일도 일어나지 않는다. 그러나, 막대기만큼의 꿈이라도 꾸면 바늘만큼이라도 꿈은 이루어진다. 꿈의 크기가 곧 그 사람 인생의 크기이다.

위대한 사람들의 빛나는 업적은 모두 위대한 꿈에서 시작되었다.

'자동차 왕'으로 불리는 헨리 포드(Henry Ford)는 미국의 자동차 회사인 포드(Ford)의 창업자이다. 그는 컨베이어 벨트 조립 라인 방식에 의한 포드 시스템을 확립한 사람으로, 언젠가는 많은 사람이 자동차로 다닐 것이라는 큰 꿈을 꾸어, 세계 최초로 자동차의 대량 생산에 성공한 인물이다.

미국인 형제 윌버 라이트(Wilbur Wright)와 오빌 라이트(Orville Wrigh)는 하늘을 날고 싶다는 꿈이 비행기를 만들게 했다. 조종이 가능하고 공기보다 무거운 비행기를 제작해 세계 최초의 동력 비행에 성공했다. 그로부터 2년 후, 라이트 형제는 첫 고정익 항공기를 제작했다.

비행기는 또 우주를 여행하고 싶은 더 큰 꿈으로 이어졌다. 1969년 7월 16일, 미국의 우주 비행사인 닐 올던 암스트롱(Neil Alden Armstrong)이 아폴로 11호의 선장이 되어 버즈 올드린(Buzz Aldrin), 마이클 콜린스(Michael Collins)와 함께 플로리다주의 케네디 우주 기지를 출발하였다. 4일 후, 닐 올던 암스트롱은 버즈 올드린과 함께 인류 최초로 달에 착륙하였고, 선장 암스트롱은 나사 본부로 교신에 성공한다. 그는 이곳에서 유명한 말을 남겼다.

"이 첫걸음은 한 인간에게 있어서 작은 발걸음이지만 인류 전체에게 있어서 커다란 첫 도약입니다."

그때 나이 39세로 버즈 올드린과 함께 달 표면을 2시간 30분 동안 탐사하면서 달 표면에 있는 모래와 암석을 모으는 한편, 지진계 등을 설치해 놓았다. 그리고 5일 후 지구로 무사히 돌아왔다. 위대한 꿈이 이렇게 위대한 성취를 만들어냈다.

선천적인 장애를 극복하고 수영선수에서 세계적인 가스펠 가수로 재탄생한 레나 마리아(Lena Maria)가 있다. 그녀는 1968년 스웨덴 중남부 하보 마을에서 두 팔이 없고 한쪽 다리가 짧은 중증 장애인으로 태어났다. 병원에서는 보호소에 맡길 것을 권했지만, 독실한 크리스천인 부모는 하나님이 주신 아이로 확신하고, 사랑으로 양육했다. 그녀의 아빠는 이렇게 말했다.

"비록 두 팔이 없어도 이 아이에게 필요한 것은 가족이다."

그녀는 수영, 요리, 운전, 피아노, 십자수를 배우고 익혔다. 아니 성가대 지휘까지 했다. 장애인이 아닌 사람도 이 많은 것들을 배운다는 것은 쉽지 않은데 말이다. 특별히 세 살 때부터 수영을 배우기 시작하여 스웨덴 대표로 세계 장애인 수영 선수권 대회에서 4개의 금메달을 획득하기도 했다. 그리고 교회 성가대에서 어렸을 때부터 활동한 그녀는 고등학교 때부터 음악을 시작하여 스톡홀름 음악대학 현대 음악과를 졸업했다. 그 후 본격적인 가스펠 가수로 활동했고, 책도 발간했다. 책 제목은 《발로 쓴 내 인생의 악보》로, 무한한 가능성을 보여주었다. 그녀는 지금까지 한 번도 자신의 장애를 장애로 여긴 적이 없다고 말한다. 오히려 그 장애가 오늘날 자신을 있게 했다고 했다.

다음은 무일푼으로 시작해 백만장자가 된 성공의 대명사 브라이언 트레이

시(Brian Tracy)를 언급하고자 한다. 그는 캐나다계 미국인으로서, 불우한 가정에서 태어났다. 한창 공부해야 할 나이에 학업을 계속 잇지 못해 고등학교를 중퇴한 후, 식당에서 접시닦이, 세차원, 경비원, 공사장 일꾼, 화물선 선원 등 닥치는 대로 직업전선에서 전전긍긍하며 일했다고 한다. 그는 뒤늦게 공부를 다시 시작해 MBA를 취득했으며, 경영학 박사학위도 받았다. 그리고 자신의 회사를 설립하기 전까지 세일즈, 투자, 부동산을 비롯해 20여 개의 분야에서 수많은 성공신화를 탄생시켰다. 그는 이제 성공신화를 탄생시킨 사람답게 당당하게 강사가 되어 500만 청중의 삶을 변화시켰고, 그의 1년 스케줄은 항상 강연과 워크숍 일정으로 차 있다고 한다. 세계적인 비즈니스 컨설턴트, 전문 연설가, 베스트셀러 작가로서 70여 권의 책과 비디오를 만들었으며, 그가 저술한 책들은 베스트셀러인 《백만 불짜리 습관》을 비롯해 50여 개국에 25개 이상의 언어로 번역돼 출간되었다고 한다.

세계적인 강사 브라이언 트레이시가 손꼽는 성공 비결은 무엇일까? 바로 구체적인 목표를 세우는 것이다. 즉 목표가 분명해야 성공도 빠르다는 논리이다. 그의 저서 《Goals》에서는 원하는 것을 성취하기 위한 비법으로 21가지를 제시하고 있다.

"잠재 능력을 깨워라. 내 손안에 달려있다. 가장 완벽한 삶을 그려보라. 마음속 열망을 발견하라. 꿈의 목록을 작성하라. 핵심 목표 하나를 정하라. 되고 싶은 모습대로 행동하라. 정확한 진단이 치료의 절반이다. 코끼리를 어떻게 먹을까? 병목 지점을 빠져나가는 방법, 자기 분야에서 최고가 되라, 독수리가 되려면 독수리 떼와 함께, 종이 위에서 생각하라, 중요한 목표부터 하나씩, 목표를 설정하는 3P 공식, 성공한 모습을 항상 떠올려라, 마음의 컴퓨터를 작동하라, 어린아이처럼 유연하게, 자신의 노래를 끝까지 불러라, 날마다 무언가를 하라, 마지막 1분까지 포기하지 말라."

'새우잠을 자더라도 고래꿈을 꾸어라.'는 어렸을 때부터 많이 들어왔던 말이다. 이 말은 가난하더라도 큰 꿈을 가지라는 말로, 큰 꿈은 사고도 행동도 크게 만든다. 그러나 소박한 꿈은 꿈의 크기만큼이나 사고도 행동도 소박하게 만든다. 인간은 자기가 가지고 있는 꿈의 크기만큼, 무한한 가능성을 스스로 확장하기도 하고 축소하기도 하는 경향이 있기 때문이다. 큰 꿈에 도전하는 것이 때로는 두려우므로, 큰 꿈을 펼치다가도 접게 되는 경우가 있는데, 꿈의 크기에 따라 사람은 행동하게 되어 있다. 꿈이라는 것은 크게 꾸면 크게 이룰 수 있고, 작게 꾸면 작게 이루게 되어 있다. 그래서 꿈을 꾸려면 되도록 큰 꿈을 꾸길 바란다. 크고 원대한 꿈은 생각도 행동도 크게 만든다.

교사로서 학생들을 가르쳐 본 사람은 알 것이다. 수업시간마다 엎드려 있는 학생들은 대부분 꿈이 없는 학생들이다. 반대로 꿈이 있는 학생은 쉬는 시간에도 독서를 하거나 문제집을 풀고 있다. 어떤 여학생은 복도에서도, 식당에서도 책을 들고 다녔다. 나는 이 여학생을 만날 때마다 격려해주었다.

"파이팅! 너는 꼭 해내고 말 거야. 그런데 계단 내려갈 때는 조심해서 내려가야 해. 잠시라도 책에서 눈을 떼고 계단만 보며 내려가길. 머리도 식힐 겸."

그런데 이 여학생이 드디어 해내었다. 본인이 바라던 의과대학에 합격한 것이다. 꿈이 있는 학생은 역시 달랐다. 주변이 아무리 시끄러워도 환경을 탓하지 않고 공부했다. 3년 내내 책을 들고 다니면서 공부하던 모습이 지금도 눈에 생생하다.

5년 후에 당신은 무엇을 하며 지낼 것인지를 생각해보길 바란다. 인생은 자기가 생각한 대로 대부분 되기 때문이다. 즉 인생에서 목표를 세우면 그 목표가 나를 이끌고 가기 때문이다. 당신의 꿈의 크기가 바로 당신 인생의 크기이기 때문이다.

06 저서가 메신저, 1인 기업가로 만든다

....

할 수 있다는 믿음을 가지면 처음에는 그런 능력이 없을지라도 결국에는 할 수
있는 능력을 확실히 갖게 된다.

— 마하트마 간디(Mahatma Gandhi)

메신저(Messenger) 또는 1인 기업가란 자신의 지식과 경험, 철학, 삶의
노하우를 메시지로 만들어 다른 사람들에게 전달하거나, 또는 다른 사람들에
게 조언을 제공하고 그 대가를 받는 사람이다. 좋은 교사 되는 법, 훌륭한 부
모 되는 법, 사랑하는 법, 성공하는 법 등 다양한 주제에 대한 실천적인 조언
을 해주는 사람이다. 브렌든 버처드의 저서 《백만장자 메신저》에서 메신저와
1인 기업가에 대해 이해하기 쉽게 소개하고 있다.

어떤 사람이 메신저 또는 1인 기업가가 될 수 있을까? 어떤 분야에 성공했
거나, 현재 어떤 분야에 관심이 있어 깊이 연구하고 있거나, 롤모델이 되어
있으면 메신저가 될 수 있다. 그런데 성공했다고 해서, 어떤 분야에 관해 깊
이 연구하고 있다고 해서 곧바로 메신저가 되는 것은 아니다. 성공한 내용이
나 관심이 있어 깊이 연구하는 분야, 그리고 자신이 어떻게 롤모델이 되었는

지에 대해 메시지로 만들고, 이 메시지가 다른 사람들을 돕고 세상 사람들에게 기여할 수 있도록 형식을 갖춰야 한다. 즉 저서를 출간한다든지 강연, 동영상 등의 형식으로 제공해야 한다.

이 중에 저서를 갖는 것이 메신저나 1인 기업가가 되기 위한 지름길이다. 저서 출간은 곧바로 강연으로 이어지기 쉽고, 강연은 동영상으로 쉽게 남길 수 있기 때문이다.

그러면 메신저가 왜 필요한가? 어떤 분야의 길을 처음으로 걷는다면, 그 길은 매우 낯설고 어려워 시행착오를 거듭하게 될 것이다. 그런데 누군가가 먼저 그 길을 걸어보고, 어떻게 해야 성공할 수 있는지에 관한 노하우와 정보를 제공해 준다면, 처음 가는 길이라도 시행착오를 거치지 않고 안전하고 빠르게 성공의 길을 걷게 될 것이다. 즉 메신저의 도움으로 시간과 노력이 적게 들고, 경제적으로도 도움이 되어 이루고자 하는 분야에 훨씬 빠르고 쉽게 도달할 수 있게 된다. 이렇게 메신저의 도움을 받은 사람은 메신저에게 고마움을 느끼며, 또 다른 이의 메신저가 되어 성공의 비결을 공유하게 될 것이다.

당신이 메신저라면 어떤 메시지를 다른 사람들에게 전달할 수 있을까? 당신이 전달하고자 하는 메시지는 당신이 생각하는 것보다 훨씬 가치 있고 다양하다. 당신의 살아온 이야기, 지식, 경험을 통해 사람들은 간접 체험을 하고 교훈을 얻게 된다. 그리고 그 교훈으로 희망찬 내일을 기대하며, 삶의 계획, 사업 계획, 학습 계획을 다시 세우게 될 것이다. 이미 계획을 세운 사람들은 메신저인 당신의 도움으로 쉽고 빠르게 목표에 도달하게 될 것이다. 이렇게 메신저는 메시지로 사람을 변화시키고, 세상도 변화시킬 수 있는 무한한 에너지를 가지고 있는 사람이다.

이렇게 자신의 경험과 지식을 파는 사람, 즉 성공의 비결을 저서에 담아 다른 사람이 성공하도록 돕는 메신저, 1인 기업가로 활동하고 있는 한 사람을 소개하겠다. 바로 김미경 씨이다.

〈MBC〉 TV '파랑새'의 국민 강사 또는 스타 강사로 불리는 김미경 씨가 있다. 그녀는 자신만의 소통, 설득, 공감의 기술을 담아내어 영혼을 감동시키는 《김미경의 아트 스피치》는 스피치를 예술적으로 승화시킨 말하기 교과서이다. '김미경'이라는 이름만 들어도 '스피치'가 떠오를 정도로 그녀는 스피치로 자신을 브랜딩했다. 그러면 그렇게 되기까지 무엇이 일조했을까? 그것은 바로 저서의 힘이다.

그녀가 쓴 책을 인터넷 서점 예스24 및 교보문고에서 검색해 보니, 여러 권을 찾을 수 있었다. "꿈의 스위치를 누르는 순간, 모든 것이 달라진다."라는 내용으로 시작하는 《김미경의 드림 온(Dream on)》은 다양한 연령대를 넘나들며 '청춘'의 필독서로 자리매김했다고 한다. "행복한 아이를 원한다면 '자존감 공부'를 시작하자."라는 내용으로 시작하는 《엄마의 자존감 공부》, 그리고 살다 보면 누구나 마주하는 소소한 질문들과 세상에서 가장 아름다운 답은 자신을 지독하게 사랑하는 힘이라고 말하며 속 깊은 인생 이야기를 쓴 《김미경의 인생 미답》, 흔들리는 30대를 위한 책 《언니의 독설》을 출간해 30대 여성들을 대상으로 거침없는 조언을 쏟아내기도 했다. 그리고 세상의 모든 아내를 대변하면서 '커리어 우먼'으로서의 입지를 다진 《꿈이 있는 아내는 늙지 않는다》가 있었고, 그녀의 삶의 스토리를 담담하고도 진솔하게 풀어내 독자들의 마음을 녹여준 《살아 있는 뜨거움》도 있었다. 그리고 100번 넘어져도 101번 일으켜 세워준 김미경의 말 《이 한 마디가 나를 살렸다》가 있었다.

성공적인 자기계발 강사로 주목받고 있는 김미경 씨의 '파랑새 특강' 첫 번째 이야기는 '내 인생을 변화시킬 열두 달 성공 프로젝트'를 엮은 책으로, 우리 시대의 인생 멘토 12명을 직접 선별하고 다달이 그들의 주옥같은 가르침을 전하는 《한 달에 한 번, 12명의 인생 멘토를 만나다》가 있었다. 그리고 두 번째 이야기는 '스티브 잡스처럼 먼저 변화하고 끊임없이 상상하라.'의 내용으로 엮은 《내 안의 스트브 잡스를 깨워라!》, 세 번째 이야기는 '2012년에 트렌드를 간파하고 자기 자신을 변화시킬 5대 키워드'를 엮은 《2012년 자기계발을 위한 트렌드 키워드》가 있었다.

이렇게 김미경 씨는 저서를 통해 자신을 브랜딩했고, 스타 강사, 메신저로 활동하고 있다. 저서나 강의 등을 통해 그토록 많은 사람을 도울 수 있다는 것은 감탄할 만한 일이다.

《아프니까 청춘이다》를 펴낸 서울대학교 김난도 교수도 책을 써서 운명이 달라졌다. 책을 펴낸 지 일 년도 안 되어 100만 부 이상이 판매되었고, 한국 출판 사상 최단기 100만 부를 돌파한 책으로 중국, 일본, 이탈리아, 네덜란드 등 해외 7개국으로 수출되었다. 이 책으로 인해 김난도 교수는 명강사로 재탄생되어, 2018년 11월 24일 광화문 교보생명빌딩 23층에서 강의를 하게 되었다. 약 1년 동안 여러 명사가 자리를 빛냈던 '명강의 BIG 10'의 마지막 강의를 장식한 주인공은 바로 김난도 교수였다.

또한, '상추 CEO'로 알려진 류근모 대표는 13년간의 농사 체험과 성공철학의 내용을 담은 저서 《상추 CEO》를 펴내, 멈추지 않는 도전이 어떻게 성공을 끌어냈는지 잘 보여주고 있다. 그 결과 대기업의 강연 요청은 물론 관공서와 방송에도 출연했다.

대한민국 농업 혁신의 아이콘으로 불리는 류근모 대표, 상추 하나로 매출 100억을 이룬 CEO이다. 그는 1997년 IMF 시대 사업 실패 후 귀농한 사람으로, 단순한 농사가 아닌 전 세계가 인정하는 시스템을 갖추어 쌈 채소를 가꾸려고 노력했다. 그 결과, 대한민국 최초라는 타이틀만 무려 100여 개에 달하며, 2011년 농업인 최초로 금탑산업훈장을 수상했다. 류근모 대표는 이렇게 말했다.

"사람들은 1을 넣으면 10이 되는 요술 상자를 꿈꾸지만, 세상에 그런 상자는 없다. 성공이란, 희망을 잃지 않고 편견과 싸워가며 부단한 자기 혁신을 이루어가는 과정이다."

무엇에 도전해야 할지 망설이고 있다면, 책 쓰기에 도전하라고 강하게 권하고 싶다. 책을 쓴다는 것은 자신의 인생에 도전하는 최고의 행위이며, 인생의 전환점을 맞는 계기가 될 수 있다. 백 권의 책을 읽는 것보다 한 권의 책을 쓰는 것이 나으니, 지금까지 한 권의 저서도 남기지 않았다면 책을 써서 앞으로 메신저로 살아가길 바란다. 그 한 권의 저서가 당신의 인생을 송두리째 바꿔 놓을 수 있다. 키케로는 이런 말을 남겼다.

"책은 청년에게는 음식이 되고, 노인에게는 오락이 된다. 부자일 때는 지식이 되고, 고통스러울 때면 위안이 된다."

그렇다. 책은 청년에게, 노인에게, 부자에게, 고통스러운 자에게, 그 누구에게라도 여러 가지 방법으로 도움을 주고 있다. 당신이 쓴 책이 이렇게 여러 사람에게 도움을 주게 된다면, 이보다 더 가치 있고 보람 있는 일이 어디 있겠는가! 책 쓰기는 선택이 아니라 필수로, 당신도 책을 쓴다면 메신저로 다른 사람들을 도우며 살아갈 수 있다.

07 성공하는 사람들이 기회를 붙잡는 비밀

사람은 뛰어난 능력으로 얼마든지 성공할 수 있도록 창조되었다. 그러면
어떻게, 무엇으로 성공할 수 있을까? 성공하는 사람과 평범한 사람 사이의
구별되는 점은 무엇일까? 그것은 바로 남들이 생각만 하는 것을 행동으로 옮
겨 실천하는 것이다. 그리고 실천으로 옮긴 것이, 뛰어난 능력을 소유케 하
고, 그 뛰어난 능력으로 기회를 붙잡는 것이다.

이탈리아 북부 토리노 박물관에는 모습은 사람이나 전체 인상은 동물 같은
조각상이 있다. 바로 기회의 신 '카이로스'의 조각상이다. 이 조각상을 앞에
서 보면 우람한 근육질에 머리숱도 많지만, 뒤에서 보면 머리카락 한 올 없는
대머리이다. 기회의 신 카이로스가 왜 이런 모습을 하고 있을까?

그리스에 있는 카이로스 석상에 그 이유가 이렇게 적혀 있다고 한다.

"내 앞머리가 풍성한 이유는 사람들이 나를 쉽게 붙잡을 수 있도록 하기 위함이고, 뒷머리가 대머리인 이유는 내가 지나가면 다시 붙잡지 못하도록 하기 위함이며, 어깨와 발뒤꿈치에 날개가 달린 이유는 최대한 빨리 사라지기 위함이다. 내 이름은 카이로스, 바로 기회이다."

카이로스는 순간의 선택을 뜻하는 바로 기회이다. 그 기회를 놓치면 다시 붙잡을 수 없다. 그래서 기회가 다가왔을 때는 망설임 없이 빨리 잡아야 한다. 붙잡는 시간은 '순간'이다. 그런데 기회인지 아닌지를 어떻게 알 수 있을까? 그것은 기회포착 능력을 갖추었느냐 그렇지 못하느냐에 달려있다. 그러면 기회포착능력을 갖춘 사람은 어떤 사람일까? 기회가 다가왔을 때 순간에 알아차리는 사람이다. 기회가 오리라는 것을 미리 알고 있었던 사람처럼 기회를 낚아채어 자신의 것으로 만드는 사람이다.

몇 년 전, 관내 교사 연수가 있어 현장 견학을 다녀온 적 있다. 버스를 종일 타고 다녔기 때문에 귀가할 즈음에는 교사들이 대부분 지루해하고 있었다. 이때 장학사님이 무료함을 달래기 위해 한 가지 제안을 했다. 노래하고 싶은 사람은 노래하라는 것이다. 그 무엇이라도 좋으니, 돌아가면서 한 가지씩 해보라고 했다. 교사들 대부분이 좋다는 반응이었다. 어느 한 선생님이 노래를 부르는 것으로 시작됐다. 그 옆에 선생님도 노래를 불렀다. 나는 어떤 노래를 부를까 생각하다가, 시 한 편을 암송하기로 마음먹었다. 그리고 드디어 차례가 되어, 내가 좋아하는 시, 류시화 시인의 '그대가 곁에 있어도 나는 그대가 그립다'를 암송했다.

물속에는 물만 있는 것이 아니다

하늘에는 그 하늘만 있는 것이 아니다

그리고 내 안에는 나만 있는 것이 아니다

이렇게 시작하여 암송을 끝마쳤을 때는, 우레같은 박수 소리가 버스 안을 가득 채웠다.

이 시가 좋아 20여 년 전에 암송했었다. 그리고 그 이후에 '그대'라는 단어만 누가 언급해도 자연스레 이 시가 떠올랐다. 그래서 언제 어디서든지 암송할 수 있는 시로 간직하게 되었다. 필자가 버스 안에서 시를 암송한 것은 기회를 포착한 것이다. 그리고 이 시를 이미 암송하고 있었던 것은 기회포착 능력을 소유한 것이다. 그래서 기회가 왔을 때 순간 알아차리고 시를 암송한 것이다. 시 암송이 뜨거운 반응을 보이자, 어떤 선생님도 서정주의 '국화 옆에서'를 암송했다.

우리 학생들에게도 기회포착능력을 소유하도록 해야겠다는 생각에, '꿈, 끼 탐색 주간'에 '시랑 친구하기'반을 개설했다. 시 6편을 50분 동안 암기하고, 그다음 시간 50분은 급우들 앞에 나와서 암송하기이다. 6편 모두 암송한 학생에게는 부상으로 문화상품권을 주고, 그 외 5편 이하 암송한 학생은 노트를 준다고 했다. 김소월의 '진달래꽃', 김춘수의 '꽃', 서정주의 '국화 옆에서', 윤동주의 '서시', 장석주의 '대추 한 알', 도종환의 '흔들리며 피는 꽃', 모두 내가 좋아하는 시로 복사를 해놓았다.

시를 암송하는 학생들을 지켜보니, 얼마나 예쁘던지 교사로서 흐뭇했고, 행복했다. 이쪽에서 김소월의 '진달래꽃'을 암송하는가 하면, 저쪽에서 '흔들리며 피는 꽃'을 암송했다. 이쪽에서 '서시'를 암송하는가 하면 저쪽에서 '국화 옆에서'를 암송했다. 한마디로 '시가 있는 교실'이 되었다. 이렇게 서로가 다투어 외우더니, 50분 동안 6편을 모두 외운 학생들이 나에게 보고하기 시작했다. 그리고 다음 시간, 한 명씩 앞에 나와 암송하기 시작했다. 어떤 학생은 시인이 전달하고자 하는 사상과 정서를 모두 이해한 듯, 시를 음미하며 감정을 넣어 암송했다. 어떤 학생은 시 여러 편을 외운 자기 자신에게 감동했는지 행복해하며 암송했다. 이 학생들은 분명 어른이 되어서, 시를 암송한 이 '시가 있는 교실'을 잊지 못할 것이다.

사람은 누구나 태어날 때부터 공평하게 지니고 태어나는 것이 있다. 그것은 외모도 건강도 돈도 아닌 바로 재능이다. 신으로부터 재능을 선물로 받고 태어나는데, 사람들은 자신의 재능을 잘 모르고 살아갈 뿐이다. 그러면 재능이란 무엇인가? 자신이 좋아하고, 하고 싶어 하며, 잘하고 싶은 그 무엇이다. 다른 어떤 것에 비해 더 하고 싶고 더 잘하고 싶다면, 그것이 바로 재능이다. 그런데 재능에는 반드시 노력이 뒤따라야 한다. 더 하고 싶은 것이 있는데도 내버려 두면 재능이 빛을 보지 못하기 때문이다. 땅속에 묻힌 금은보화나 마찬가지이기 때문이다. 빛을 볼 수 있도록 캐내는 작업이 필요한데, 그것이 바로 노력이다.

신이 내린 목소리를 지녔다는 루치아노 파바로티(Luciano Pavarotti)가 노력하지 않았다면, 어떻게 됐을까? 그런 천상의 목소리를 낼 수 있었을까? 남몰래 고통의 눈물이 있었기에 그런 격찬을 받을 수 있었고, 세계 최고의 목소리를 낼 수 있었던 것이다. 이렇게 노력으로 재능이 빛을 발하면, 기회포착능력도 동시에 소유하게 된다. 기회포착능력을 소유하게 되면 기회가 다가왔을 때 그 기회를 자신의 것으로 만들어 낼 수 있게 된다.

우리 학생들에게 장래의 꿈을 정할 때, 자신이 좋아하는 일, 하고 싶은 일이 무엇인가, 즉 자신의 재능이 무엇인가 생각해보라고 말해왔다. 그러면 학생들은 부모님이 정해준 꿈이 아닌 자신이 정작 하고 싶은 일이 무엇인지 찾기 위해 눈이 반짝거린다. 좋아하는 일을 찾으려면 어떻게 해야 할까? 그 좋아하는 일을 잘하기 위해 노력해야 한다. 미래는 지금 자신이 무엇을 생각하며 무엇을 하고 있느냐에 따라 달라지기 때문이다. 즉 미래는 미래가 결정하는 것이 아니라, 오늘을 어떻게 보내느냐에 따라 결정되기 때문이다. 미래를 위해 오늘 열심히 노력하는 사람이 기회포착능력을 향상시키는 것이다.

여기 기회포착능력을 향상시키는 최고의 방법이 있다. 바로 책 쓰기이다. 자신의 저서를 지니는 것이다. 자신이 하고 싶은 이야기를 책으로 쓰게 되면, 그렇지 않은 사람보다 몇 배 더 기회포착능력을 소유하게 된다. 저서를 통해 자신의 전문적인 능력을 모두 보여줄 수 있기 때문이다.

세상에는 저서를 출간한 후 인생이 달라졌다는 사람들이 수없이 많다. 그 중 한 사람을 소개하겠다. 《부자 아빠 가난한 아빠》의 저자 로버트 T. 기요사키이다. 그는 자신이 쓴 첫 책을 출간하기 위해 수십 군데의 출판사를 찾아다녔다고 한다. 그런데, 가는 곳마다 거절당하자 결국은 자신이 1천 부를 인쇄했다고 한다. 그리고 지인들에게 나눠주었다. 지인들에게 전달된 이 책은 입소문을 타고 퍼져 〈뉴욕타임스〉의 베스트셀러에 오르게 되었다고 한다. 그리고 세계의 영향력 있는 100인으로 손꼽히는 '오프라 윈프리'의 귀에 들어갔다. 그 후 그는 인생역전의 기회라 불리는 '오프라 윈프리 쇼'에 출연하게 되었다. 어떤 일이 벌어졌을까! 로버트 T. 기요사키 자신도 예상하지 못했던 큰일이 벌어진 것이다. 오프라 윈프리가 웃으면서 이렇게 말했다고 한다.

"지금, 이 순간 당신의 책이 100만 부가 팔렸다."

방송 직후, 밀려오는 책 주문으로 그는 백만장자가 되었다. 그러면 왜 이렇게 인생이 달라졌을까? 그것은 저서가 기회포착능력을 향상시켜 주었기 때문이다. 저서가 사회 각계각층의 사람들과 만날 수 있도록 기회를 만들어 주었고, 세계 곳곳으로도 데려다주었기 때문이다.